Taschée / Postmann

VEGAN WÜRZEN

braumüller

INHALT

Endlich schmeckt's auch fleischlos

Ernährungstrends kommen und gehen, einige wenige konnten sich zu *big playern* in der Welt der Kulinarik durchsetzen und ihre Spuren hinterlassen. Nach der Light-Welle der 1980er-Jahre kam in den 1990er-Jahren die Bio-Welle. Nach der hochtrabenden Molekularkulinarik der 2000er-Jahre führten Lebensmittelskandale und Wirtschaftskrisen zu einer Rückbesinnung auf Herkunft und Regionalität. In Zeiten von meinungsoffenen sozialen Medien wollen KonsumentInnen vermehrt wissen, was sie zu sich nehmen, woher die Produkte/Lebensmittel kommen, wie sie gewachsen sind, produziert und verarbeitet wurden. Da passen Medienberichte über Tiertransporte und Erlebnisse mit Massentierhaltungen und Tierquälerei nicht in das Bild von gesunder, nachhaltiger Ernährung – alles wichtige Faktoren, tierlose Ernährung genauer zu betrachten: Veganismus wurde zum Trend. Anfangs noch als Ökoküche abgetan, ist die vegane Küche heute in der Realität angekommen. Viele Genießer sind neugierig geworden auf das Probieren völlig tierfreier Speisen. Dabei entstand rasch das Vorurteil, vegane Gerichte seien aufgrund des Fehlens tierischer Zutaten geschmacklos und in der Zubereitung zu einseitig. Ein Grund, warum veganen Gerichten aus der Sicht von Genießern der Makel der **Verzichtsküche** und der **Genussfeindlichkeit** anhaftet.

Genau an diesem Punkt steigt **Vegan würzen** in die Kulinarik ein und beweist, dass auch vegane Speisen nicht langweilig sind, wenn sie mit den richtigen Gewürzen und Kräutern geschmackvoll abgestimmt und zubereitet werden. **Vegan würzen** versteht sich dabei als Nachschlagewerk für die Anwendung heimischer und internationaler Gewürze in der fleischlosen Küche im deutschsprachigen Raum. Dabei bietet das Gewürzbuch keine Ersatzrezepte zu Gerichten, deren Rezeptur die Verwendung tierischer Bestandteile vorsieht – zu klassischen Fleischspeisen wie Hamburger, Selchfleischknödel oder Wiener Schnitzel. Es gibt auch keine Tipps für den Ersatz von Ei durch Maispulver oder Käse durch Hefeflocken. Vielmehr widmet sich der praktische Anwendungsteil **rein pflanzlichen Rezepten**, die mit dem richtigen Einsatz von Gewürzen geschmacklich aufgepeppt werden. Dazu wurden von den Autoren zu jedem Rezept die richtigen Gewürze persönlich gerochen, verkostet, beschrieben und nach Aromanoten bewertet. Der fehlende Geschmack darf somit ab sofort keine Ausrede gegen vegane Zubereitungen sein.

Die Evolution des Verzichts beim Essen

Die Erfahrung mit dem **Verzicht auf Lebensmittel** bestimmter Art und Herkunft, ob freiwillig oder unfreiwillig, steckt dem Homo sapiens schon seit Anbeginn in den Genen. Mangelnde Jagderfolge, Missernten, Kriege, Plünderungen oder Geldnot zwangen viele Generationen auf dieser Erde, auf Nahrung verschiedener Art zu verzichten. Offenbar hat die Evolutionsgeschichte des Menschen genau darauf Rücksicht genommen und den Menschen bis zu seiner heutigen Prägung als **Allesfresser** konzipiert. Das zeigt allein der Blick auf die Anatomie der Zähne; ebenso ist der Verdauungstrakt sowohl für tierische wie auch für pflanzliche Ernährung ausgelegt. Fügt man dem noch eine Hypothese von Paläontologen hinzu, führte erst die Energiezufuhr durch Fleischkonsum zur Entwicklung des menschlichen Großhirns.

In späterer Folge waren es oft Zeiten von Wohlstand und Überfluss, die Zivilisationskrankheiten hervorriefen – und mit ihnen medizinische Methoden, das Ungleichgewicht in der Ernährung wieder ins Lot zu bringen. Als Erfinder dieser Form der Medizin gilt der griechische Arzt Hippokrates, der um 400 vor Christus die **Diät** als eine spezielle Ernährungsform des Menschen definierte, bei der längerfristig oder dauerhaft auf eine spezielle Auswahl von Lebensmitteln verzichtet wird. Hippokrates versuchte, anhand einer verordneten Lebensumstellung mittels Einschränkungen in der Ernährung und Ausgleich durch Bewegung, das Ungleichgewicht von Körpersäften in die Balance zu bringen. Der Begriff Diät leitet sich vom griechischen **diaita** ab (für: Lebensführung oder Lebensweise in Beziehung zu

Essen und Trinken). Bis heute hat sich die Diät mit einer Vielzahl an bewährten und sonderbaren Varianten zur Verringerung des Körpergewichts gehalten – nach wie vor in den meisten Fällen ein wahres Luxusproblem.

Als eine Sonderform der Diät, jedoch mit religiösem Hintergrund und ohne kompletten Nahrungsverzicht, hat sich das **Fasten** entwickelt. Kirchliche Vorschriften verschiedenster Glaubensrichtungen verstehen unter Fasten das bewusste Enthalten von kirchlich verbotenen Speisen zu bestimmten Zeiten im Jahreskreis. Seinen Ursprung hat das Fasten in der Vorbereitung auf Ostern und soll an jene 40 Tage erinnern, die Jesus Christus fastend und betend in der Wüste verbrachte. Bis heute hat das österliche Fasten ihre Attraktivität beibehalten, vor allem in stark katholisch und agrarisch geprägten Gebieten Europas. Da nach dem (meist strengen) Winter im beginnenden Frühling die Nahrungsvorräte auszugehen begannen, wurde die Religion mit ihrer Fastenzeit zwangsläufig genutzt. Der Begriff Fasten leitet sich vom gotischen **fastan** (etwas streng, fest einhalten – im religiösen Sinne: die kirchliche Vorschrift einhalten) ab. Während des Fastens dürfen keine tierischen Erzeugnisse gegessen werden. Je nach Glaubensrichtung gehören dazu neben Fleisch auch Milchprodukte, Eier und Fisch sowie pflanzliche Öle. Erlaubt sind lediglich Brot und Getreide, Gemüse und Früchte, Pilze, Nüsse und Hülsenfrüchte – die umfangreichsten Fastenregeln finden sich dabei in der orthodoxen Kirche. Über den Verzicht auf Alkohol findet man in kirchlicher Literatur nichts, vielmehr galt: „Flüssiges bricht das Fasten nicht." Daraufhin erfanden bayerische Mönche im Mittelalter das nahrhafte Fasten- oder Starkbier zur Erleichterung der Fastenzeit.

Ob Fastentage oder Diäten, allen Arten dieser Nahrungsaskese liegt eine mehr oder weniger subjektive Entscheidung zugrunde. Man verzichtet, um in Demut zu leben, um ein Gleichgewicht zu finden oder um den eigenen Körper gesund zu ernähren. Kurz: um Kontrolle über den eigenen Organismus zu erlangen. Oder aber man hungert, weil (bestimmte) Nahrung schlichtweg nicht verfügbar ist.

Fleischverzicht als sozialpolitisches Statement

Ergänzt man das bewusste Weglassen bestimmter Lebensmittel um eine soziale Komponente mit dem Ziel, gesellschaftliche Veränderungen anzustoßen und um anderen Menschen und Tieren etwas Gutes zu tun, findet man sich rasch in den vielfältigen Religionen Indiens wieder, im Hinduismus, im Buddhismus und im Jainismus. All diesen Glaubensrichtungen geht einher, dass Gewalt, die eine Person jemand anderem (ob Mensch, ob Tier) antut, in einer Form wieder auf diese

Person zurückkehren wird. Und da man an die enge Verwandtschaft zwischen Mensch und Tier glaubte, führten diese Religionen ab dem 6. Jahrhundert vor Christus zu einem Bruch mit dem alten indischen Kastensystem und seinen strengen sozialen Strukturen. Eine große Zahl der bäuerlichen Bevölkerung fühlte sich durch die neuen Lehren angezogen, hauptsächlich, um dem damals im großen Stil betriebenen Brauchtum der Tieropfer zu entkommen. Die Bauern töteten ungern ihre produktiven Tiere, die sich lebend als Nutztiere und Nahrungslieferanten von deutlich größerem Nutzen erwiesen. Aus diesen tiefreligiösen Überzeugungen im Zusammenleben von Mensch und Tier entwickelte sich zunehmend der Vegetarismus mit seiner Ablehnung von Fleisch als Nahrung, wodurch Indien bis heute als eine der Wiegen des Vegetarismus gilt. Auch im antiken Griechenland gab es zunehmend religiöse Tendenzen gegen Fleischnahrung, so betrachteten die Anhänger des Philosophen Platon generell Fleisch als nachteilig für ihre asketischen und philosophischen Bestrebungen. Im Christentum ging der Fleischverzicht ab der Antike zunehmend in der Fastenzeit auf, einen belegbaren Vegetarismus im strengen Sinne aus Rücksichtnahme auf Tiere gab es im Christentum jedoch nie. Vielmehr standen die bescheidene Lebensweise und die freiwillige Entbehrung im Vordergrund vieler mittelalterlicher Ordensregeln.

Einen neuen Aufschwung bekam der vegetarische Gedanke erst im 18. und 19. Jahrhundert, von England ausgehend, bedingt durch die aus dem kolonialen Indien einströmenden Philosophien. Im Jahr 1801 wurde in London der erste Vegetarierverein gegründet, dem bald ähnliche Vereine in England folgten. Mit der Gründung der englischen Vegetarian Society im Jahr 1847 wurde auch der Begriff „vegetarian" gebräuchlich, ein Kunstwort aus dem englischen **vegetable** (für pflanzlich, Gemüse), soviel bedeutend wie **an die Pflanzen glaubend.**

Die ursprünglichen Begründungen für fleischlose Lebensweisen waren jedoch recht unterschiedlich und sogar gegensätzlich. Einerseits sollten Tiere vor dem Menschen geschützt werden, andererseits der Mensch vor dem Verzehr von Tieren, die für eine Vielzahl von Krankheiten verantwortlich seien. Einer der prominentesten Vertreter war zur damaligen Zeit übrigens Richard Wagner, der eine allgemeine Abkehr vom Fleischkonsum forderte und sich selbst in seinen letzten Lebensjahren vegetarisch ernährte. Im Wien der Kaiserzeit trafen sich ab 1877 Intellektuelle und Künstler wie Hugo Wolf, Gustav Mahler oder Victor Adler im damals ersten vegetarischen Restaurant, dem **Ersten Wiener Vegetarier-Speisehaus** von Karl und Magdalena Ramharter.

Der Erfolg des Vegetarismus in Europa lag damals neben ethischen und philosophischen Gründen vor allem am Gefallen an einer besonderen Art der Askese, die weniger mit der Tierwelt an sich als mit der egoistischen Beschäftigung mit dem eigenen Körper zusammenhing. Man sah sich den Allesfressern moralisch und politisch überlegen und distanzierte sich von technisierten und industrialisierten Lebensmitteln sowie von zunehmend aufkommenden Fertigprodukten, wie sie meist von ärmeren Bevölkerungsschichten konsumiert wurden.

Veganismus als Zeitgeist, Lebensinhalt und Sinnstiftung

Die Wurzeln des Veganismus gehen auf den Engländer Donald Watson zurück, der 1944 die Vegan Society gründete, eine Abspaltung der bereits genannten englischen Vegetarian Society. Watson bezeichnet Veganismus als eine Philosophie und Lebensart, die alle Formen der Ausbeutung und Grausamkeiten an Tieren für Essen, Kleidung oder andere Zwecke vermeidet und darüber hinaus die Entwicklung tierfreier Alternativen fördert. So entsprach der Verzehr von Milchprodukten und Eiern, wie er unter Vegetariern grundsätzlich erlaubt ist, nicht seinem Verständnis von Vegetarismus. Zwecks deutlicher Abgrenzung jener Vegetarier, die generell alle tierischen Produkte mieden, benutzte Watson anfangs den Begriff **total vegetarian** (strenge Vegetarier). Als Abkürzung dafür prägte er ab den 1960er-Jahren den Begriff **vegan**, als Wortkreation aus dem Anfang und Ende von **veg**etari**an**. In der aktuellen Definition der Vegan Society ist Veganismus eine Lebensform, die weder tierische Nahrung und Milchprodukte konsumiert noch tierische Produkte insgesamt nutzt.

Beschränkt sich der moderne Vegetarismus in seinem praktischen Verständnis möglicherweise zu stark auf das reine Vermeiden von Nahrungsmitteln, die von getöteten Tieren stammen, so liegt die Idee des Veganismus in einer Lebensweise, die weit über das Vermeiden aller Nahrungsmittel tierischen Ursprungs hinausgeht. Ethisch motivierte Veganer achten auch bei Kleidung und anderen Waren des Alltags darauf, dass diese frei von Tierprodukten sind und ohne Tierversuche hergestellt werden. Vegane Ernährung versteht sich heute als die Perfektion des Vegetarismus, wo ausschließlich die Früchte der Natur ihren Abdruck im täglichen Leben hinterlassen. Lebensmittelskandale und Tierseuchen sowie der Wunsch nach fairen und nachhaltigen Lebensmitteln haben dazu geführt, dass immer mehr Konsumenten die Herkunft von Nahrung hinterfragen – und dabei die Antworten lediglich von sprechenden Schweinderln am Weg zurück zum Ursprung bekommen. Noch immer versucht modernes Foodmarketing, den Verbrauchern klarzumachen, dass das Wohl in der Ernährung im Verzehr bestimmter Markenartikel liegt. Vegane Lebensweisen geben dazu offenbar bessere Antworten. Vegane

Ernährung steht heute nicht mehr nur für Selbstkasteiung und Liebe zum Tier, sondern für ein bewusstes und gesundes Leben – und wird damit zur Denk- und Fühlweise einer ganzen Generation von Menschen.

Faktum ist, dass vegane Ernährung zu den Megatrends der Ernährung im 21. Jahrhundert zählt. Wobei die Bezeichnung **Trend** womöglich bereits überholt ist, zu sehr hat sich das Thema Vegan mittlerweile in unserer Esskultur verankert – und wird dort vermutlich auch bleiben: Der Ernährungsreport 2017 des Deutschen Bundesministeriums für Ernährung und Landwirtschaft stellt fest, dass vegane Produkte keine Modeerscheinung sind. Über 70 Prozent der Befragten halten vegane Lebensmittel auch auf lange Sicht für relevant. Und wie im Ernährungsreport 2016 nachzulesen ist, wird fleischlose Ernährung von Frauen dominiert. So aßen 2016 deutsche Männer mehr als doppelt so häufig (47 Prozent) wie Frauen (22 Prozent) jeden Tag Wurst und Fleisch. Entsprechend sind sie unter Vegetariern unterrepräsentiert: Während sechs Prozent der Frauen angeben, nie Fleisch oder Wurst zu essen, ernährt sich lediglich ein Prozent der Männer fleischlos. Ein ähnliches Ergebnis bringt eine Studie des Wiener Marktforschungsinstitutes meinungsraum.at vom Frühjahr 2017, der zufolge sich rund 29 Prozent der Befragten bereits vegetarisch ernährt haben, rund 13 Prozent auch schon vegane Erfahrungen haben. Unter beiden Ernährungsformen sind Frauen signifikant stärker vertreten als Männer. Und noch ein Ergebnis bringt besagte Studie: Ernährungsformen sind ein Trend für Jüngere und Personen mit höherem Bildungsabschluss. 31 Prozent der Befragten gaben an, aktuell eine bestimmte Ernährungsweise einzuhalten, bei den 18- bis 29-Jährigen sind dies sogar 47 Prozent, gegenüber 21 Prozent bei 50- bis 65-Jährigen. 39 Prozent der Befragten hatten ein Abitur oder eine Matura, 26 Prozent hatten keinen Abschluss.

Schluss mit den veganen Ernährungsmythen

Vegane Ernährung alleine ist nicht zwingend gesund und ethisch nachhaltig. Es wäre vermessen zu glauben, dass das reine Weglassen bestimmter Produkte wie Fleisch, Fisch, Eier oder Milch reicht, um vegan zu leben. Vorsicht auch vor der Veggiemania von Industrie und Handel. Zu oft schon haben sich die Konsumenten zu vermeintlichen Trends der Lebensmittelbranche hinreißen lassen; einst wurde der Analogkäse verteufelt, heute kehrt er als veganes Ersatzprodukte aus dem Labor wieder in die Regale der Supermärkte zurück. Vegan können auch Spirituosen und Wein sein, sofern keine tierische Gelatine oder Eiklar zum Schönen und Klären der Produkte verwendet wurde. Ebenso sind Lebensmittel wie Weizenmehl, Zucker und Salz vegan, also z.B. Faschingskrapfen, aus pflanzlicher Milch und in Kokosfett gebacken. Ähnlich verhält es sich mit veganem Fleischersatz, ein Trendthema der letzten Jahre. Die Hauptbestandteile fleischloser Ersatzprodukte – Tofu (aus Sojabohnen) und Seitan (aus Weizen) – schmecken im Rohzustand nach nichts, schon gar nicht nach Fleisch. Erst durch den reichlichen Einsatz von Lebensmittelchemie, Aromen sowie Salz, Zucker und Fett verwandeln sich diese Pflanzenprodukte in Fleischersatz. Und oft stehen billiges Palmöl sowie Lebensmittelzusatzstoffe (E-Nummern) – wie Stabilisatoren, Farb- und Konservierungsstoffe – auf den langen Zutatenlisten von Ersatzprodukten – alles Zusätze, die viele Konsumenten in konventionellen Lebensmitteln ablehnen.

Nein! Es geht bei veganer Ernährung vielmehr um die Qualität dessen, was man zu sich nimmt. Die einfache Lösung dieser Problematik lautet daher seit jeher: frische Lebensmittel, im Idealfall regional produziert und gekauft, selbst auf kreative Art und Weise zubereitet. Um die Vorteile einer veganen Lebensweise in voller Breite zu erfahren, sollte die Ernährung generell pflanzlich-vollwertig sein und der eigene Körper regelmäßige in Bewegung gehalten werden. Ob zu dieser Lebenseinstellung Fleischersatzprodukte wie das vegane Schnitzel oder die vegane Entenbrust zwingend notwendig sind, muss man wohl mit seinem eigenen Gewissen beantworten. Vegan zu leben, sollte nicht als die Suche nach dem Ersatz von Fleisch verstanden werden, worunter auch groß angelegte In-vitro-Versuche zur Entwicklung von Muskelzellen im Labor fallen mit dem Ziel, Fleisch zum menschlichen Verzehr im industriellen Maßstab synthetisch herzustellen. Laborfleisch darf im Endeffekt nicht „zum Gemüse der Unbelehrbaren“ werden, wie bereits im Jahr 2008 im Magazin Telepolis der deutschen Heise Mediengruppe zu lesen war.

Frei nach dem Motto „Der Mensch ist, was er isst“ liegt das Ziel in der Entkrampfung der Diskussionen rund um die vegane Lebensweise – in jene Richtung, wie Fortschritt in Ernährungsgewohnheiten funktionieren kann: ohne Zwang. Das ist der schöne Moment an dieser Entwicklung: Man muss kein reiner Veganer sein, um vegane Vorteile nutzen zu dürfen. Teilzeitveganer, in der Fachsprache **Flexitarier** genannt, reduzieren ihren Fleischkonsum bewusst und ernähren sich bevorzugt von Obst und Gemüse. Entscheidend ist, die eigene Küche als Experimentierlabor zum Ausprobieren von neuen kulinarischen Ideen zu nutzen und damit Spaß an gesunder Ernährung zu finden. Wer noch dazu Produkte einkauft, die nachhaltig und regional gewachsen sind, wird mit Geschmacksvielfalt und einer langfristig gesünder werdenden Natur belohnt. Verbraucher entscheiden sich heute immer mehr in Richtung Klasse statt Masse, und da spielt eine harmonische Würze mit aromatischen, selbst gezogenen Kräutern aus dem Garten und raffiniert-exotischen Gewürzen eine große Rolle.

Wichtige Zutaten der veganen Küche

Grundsätzlich dürfen in der veganen Küche frisches Obst, Gemüse und Kräuter nicht fehlen. Zudem achten Veganer darauf, dass die Lebensmittel zumindest aus kontrolliert biologischem Anbau stammen. Denn der Kauf regionaler und saisonaler Produkte trägt zu einer positiven Umweltbilanz bei, indem lange Transportwege oder energieaufwändige Glashauskulturen vermieden werden. Darüber hinaus sieht die vegane Küche eine Reihe von Grundzutaten vor, die nicht zwingend auch in der konventionellen Kulinarik Anwendung finden. Vor allem für Einsteiger und diejenigen, die vegane Ernährung einfach mal ausprobieren möchten, verschaffen die folgenden Seiten einen Überblick über vegane Basisprodukte, die in keinem pflanzlichen Haushalt fehlen sollten:

Agar-Agar

Haselnuss

Kakao

Kokosnuss

Mandel

Salz

Sesam

Soja

Walnuss

Zucker

Agar-Agar

Agar, Agartang
Chinesische oder Japanische Gelatine

Beschreibung

Agar-Agar ist ein aus Algen gewonnenes Geliermittel und gilt als die vegane Alternative zu tierischer Gelatine. Agar-Agar wird aus Zellwänden von Rotalgen (Rhodophyceae) hergestellt, die hauptsächlich aus Ostasien stammen. Rotalgen zählen zum großen Bereich der Meerespflanzen, sie decken ihren Energiebedarf ausschließlich durch Fotosynthese. Man kennt Rotalgen auch als Nori, jenen essbaren, getrockneten, papierartigen und dunkelgrünen Blättern, die für Sushi-Rollen (Maki-Sushi) oder kegelförmige Sushi-Tüten (Te-Maki) eingesetzt werden. Aufgrund seiner chemischen Struktur ist Agar-Agar ein Ballaststoff und kann vom Menschen nur schwer verdaut werden – was grundsätzlich die Verdauung anregt und verbessert.

Aromatik

Agar-Agar ist bekannt für seinen extrem neutralen Geschmack und die starke Gelierung, weshalb sich das Verdickungsmittel einfach und ohne viel Aufwand in süßen Gelees, Marmeladen, selbst gemachten Fruchtgummis, Fruchtdesserts oder auch in pikanten Speisen wie Pasteten, Terrinen, Cremes und zum Andicken von Soßen verwenden lässt. Durch die hohe Gelierkraft benötigt man nur kleine Mengen, bereits ein Teelöffel Agar-Agar entspricht vier Blättern Gelatine. Zumal das Pulver auch recht teuer ist, empfiehlt es sich, das Geliermittel genau zu dosieren.

Anwendung

Gelees jeglicher Art werden in der Kulinarik aufgrund ihrer Eigenschaft, Wasser zu verfestigen, eingesetzt. Sobald eine Zubereitung aus Flüssigkeit und Geliermittel abkühlt, wird sie fest, bindet das Wasser und behält die gewünschte Form bei – bestes Beispiels dazu ist das Gummibärchen. Ab einer Temperatur von rund 40° C wiederum beginnt das Gelee zu schmelzen und gibt die gespeicherten Aromen im Mund frei, einer Art Geschmacksexplosion gleichzusetzen. Üblicherweise wird dafür Gelatine aus tierischem Bindegewebe verwendet, die Küchen Japans und Chinas hingegen nutzen schon seit Jahrhunderten Agar-Agar als fixen pflanzlichen Bestandteil der Kulinarik, da Gelatine in weiten Teilen Asiens unbekannt ist.

HASELNUSS

Corylus avellana
Gemeine Hasel, Haselstrauch, Haselbaum, Nussbusch

Beschreibung

Die Haselnuss gilt als eines der ältesten Nahrungsmittel der Welt, sie besaß schon zur Steinzeit hohen Stellenwert. Sie gehört zur Familie der Birkengewächse und ist in ganz Europa und Kleinasien für die essbaren Früchte bekannt. Die Nuss ist kalorienreich und enthält rund 60 Prozent Öl, aber auch wertvolle B-Vitamine sowie Mineralstoffe und Spurenelemente. Sie stärkt Nerven, Herz und Kreislauf und beugt Krebs und Herzinfarkt vor. Außerdem wird die Hasel als Aphrodisiakum verwendet, sie gilt schon seit jeher als Symbol der Fruchtbarkeit und sexuellen Kraft.

Aromatik

Bereits im frischen Zustand verbreitet die Haselnuss ihre typisch fruchtig-erdigen Nussnoten mit zart grasig-blättrigen Anklängen. Beim Rösten verstärken sich diese Aromen, der süßlich-pilzige Charakter mit den bekannten schokoladigen Verbindungen baut sich stark auf. Bei Haselnüssen verhält es sich ähnlich wie bei Mandeln: Je frischer, umso aromatischer. So gibt es heute regionale Anbieter, die Haselnüsse frisch geknackt oder schonend getrocknet anbieten. Im verarbeiteten Zustand bieten sich gehackte, geriebene oder gemahlene Varianten an, diese sind jedoch rasch zu verwenden.

Anwendung

Die Haselnuss hat vor allem in der süßen Küche, bei Desserts, im Joghurt oder als Eiscreme, aber auch beim Backen von Keksen und Kuchen einen fixen Platz. Dabei werden gerne gemahlene Haselnüsse eingesetzt, die Mehl oder Stärke ersetzen können und den Teig besonders aromatisch und saftig machen. In gehackter Form eignen sich Haselnüsse zum Verfeinern und Bestreuen von Süßspeisen und zum Veredeln von Soßen, Pilz- und Gemüsegerichten. Mit Wasser vermahlen eignen sich Haselnüsse auch als Milchersatz (*Haselnussmilch* – offiziell darf sich Milch aus Nüssen nicht Milch nennen). Diese ist beim Fettanteil mit Kuhmilch vergleichbar, farblich jedoch etwas dunkler. Sie schmeckt nussig-süßlich und kann warm, kalt, im Müsli, im Kaffee oder auch pur getrunken werden.

KAKAO

Theobroma cacao

Beschreibung

Die Kakaopflanze ist ein bis zu zwölf Meter hoher Baum, der grüngelbe bis rote Spaltkapselfrüchte trägt, die in ihrem Fruchtfleisch zwischen 25 und 50 Samen – die Kakaobohnen – enthalten. Diese weisen einen hohen Gehalt an Bitterstoffen auf und schmecken roh gar nicht nach Schokolade. Um daraus wohlschmeckenden Kakao zu gewinnen, sind aufwendige Schritte notwendig, von der händischen Ernte der Bohnen über deren Fermentation, Trocknung und Röstung bis zur Herstellung der Kakaomasse oder der Weiterverarbeitung zu Kakaobutter und gemahlenem Kakaopulver. Für ein Kilogramm Schokolade braucht man zwischen 300 und 600 Kakaobohnen.

Aromatik

Je nach Sorte offenbart Kakao ein extrem breites Geschmacksspektrum, in der Bohne finden sich an die 600 Aromakomponenten. Vor allem bei Erhitzen der fermentierten Bohnen entstehen eine ganze Reihe feinster Röstaromen, von mild bis würzig, von wenig oder leicht bis kräftig säuerlich, von bitter bis kräftig. Dazu gesellen sich unzählige andere Nuancen von blumig bis pfirsichartig, von nussig über ledrig bis zu tanninig. Kakaosorten werden in die vier Grundtypen *Criollo, Trinitario, Nacional* und *Forastero* eingeteilt, die sich geschmacklich stark voneinander unterscheiden.

Anwendung

Kakao wird meist als Pulver in der süßen Küche verwendet – dieses sollte immer ungezuckert sein. Mit fertigem Pulver für Trinkschokolade kann man nicht würzen, es enthält zu viel Zucker und störende Fremdaromen. Für den typisch schokoladigen Geschmack in einem Backwerk oder einer Süßspeise reichen zwei bis drei Teelöffel Kakao. Ebenso passt Kakao in Milchzubereitungen wie heiße Schokolade oder in Speiseeis, zur Abrundung in Getränke wie Kaffee oder Cocktails, aber auch zur Verfeinerung pikanter Soßen auf Rotwein- oder Portweinbasis. Kakao harmoniert auch wunderbar mit einer Vielzahl anderer Gewürze, mit Nüssen und Kaffee wegen der gemeinsamen Röstaromen, mit Zimt oder Gewürznelken wegen der warmen und süßlichen Noten, mit Muskatnuss wegen der süßlich-herben Noten. Auch zu Früchten wie Himbeeren oder Orangen passt Kakao.

KOKOSNUSS

Cocos nucifera

Beschreibung

Keine andere Pflanzenart prägt das Bild tropischer Küsten so sehr wie Kokospalmen. Dieses bis zu 25 Meter hohe Palmengewächs gilt seit Jahrtausenden als eine der universellsten Pflanzen, dank der Früchte als Nahrung und Getränk, des Holzes als Baumaterial, der Blätter als Abdeckung oder der Fasern zum Flechten von Körben, Matten und Seilen. Die Kokospalme trägt das ganze Jahr über Früchte, die in der Baumkrone in unterschiedlichen Reifestadien heranwachsen, wodurch ganzjährig Kokosnüsse reif werden. Je nach Standort liegt der jährliche Ertrag bei 30 bis 40 fertigen Früchten, die man botanisch als Steinfrüchte bezeichnet – sie sind keine echten Nüsse.

Aromatik

Der hohle Kern einer Kokosnuss besteht aus fasrig-weißem, aromatischem Fruchtfleisch. Dieses enthält rund 50 Prozent Wasser, das erst durch Trocknen auf rund fünf Prozent reduziert wird, wodurch sich der Fettgehalt auf bis zu 70 Prozent konzentriert. Dieses getrocknete Kokosfleisch nennt sich *Kopra*, eine Palme liefert davon im Jahr bis zu 20 Kilogramm. Kopra ist die Basis zur Gewinnung von *Kokosöl* (auch Kokosfett genannt), getrockneten *Kokosflocken* und *Kokosmehl*. Zusätzlich befindet sich innerhalb der Frucht bis zu einem Liter Kokoswasser, eine süßliche, fettfreie und klare Flüssigkeit – in manchen Teilen der Erde ein wichtiger Trinkwasserersatz.

Anwendung

Das milde, wachsartige Kokosöl (Kokosfett) eignet sich als hocherhitzbares Öl perfekt zum veganen Kochen, Braten und Backen, da es wegen seines niedrigen Schmelzpunktes bei Wärmezufuhr sehr schnell flüssig wird. Ebenso beliebt ist *Kokosmilch*, die durch das Verrühren von Fruchtfleisch der Kokosnuss mit heißem Wasser und das anschließende Auspressen der Mischung entsteht. Die aromatisch-milchige Flüssigkeit wird durch ihren hohen Fettgehalt gerne in veganen Süßspeisen wie Milchreis, Pudding oder Smoothies verwendet, klassisch pikant in allen asiatischen Gemüsecurrys. Als veganer Milchersatz ist Kokosmilch aufgrund des Geschmacks jedoch nur bedingt geeignet, dazu passen eher geschmacksneutrale Hafer- oder Sojadrinks.

MANDEL

Prunus dulcis

Beschreibung

Bei Mandeln handelt es sich botanisch betrachtet nicht um Nüsse, sondern um Samen der Steinfrüchte des Mandelbaums, womit die Mandel als Steinobstgewächs mit Pflaumen, Zwetschgen oder Kirschen verwandt ist. Die bekannteste Art der Mandel ist die Süßmandel mit fester, holziger Schale. Als Rohware sehr gesund, reich an Vitaminen und ungesättigten Fettsäuren, wird sie aufgrund ihrer Aromatik gerne zu Fett und Butter beigegeben. Die zweite Spielart, die Bittermandel, taugt nicht zum Verzehr. Sie schmeckt bitter und enthält Amygdalin, aus dem im menschlichen Körper giftige Blausäure gebildet wird – ähnlich zu Marillen- oder Aprikosenkernen. Keine Angst jedoch vor Bittermandelöl, dieses wird aus speziell gezüchteten Bittermandeln gewonnen und von Blausäureverbindungen befreit (entbittert).

Aromatik

Im Geruch ist die Mandel neutral, verhalten grasig – erst im geriebenen Zustand zeigt sie, was in ihr steckt. Cremig-mild, zunehmend füllig-nussig mit kräftigem Marzipanaroma, betont lieblich mit durchgängiger Grundsüße. Mandeln gibt es in fast jeder Form: als ganze Kerne, blanchiert, geschnitten, gehobelt, gestiftelt oder gemahlen – wobei sich die Aromatik wie so oft bei Gewürzen durch die Verarbeitung deutlich reduziert. Als Milchersatz sehr beliebt ist die aus gemahlenen und gerösteten Mandeln und heißem Wasser ausgelaugte *Mandelmilch* (offiziell darf sich der Saft aus Nüssen nicht Milch nennen – ausgenommen Kokosmilch). Diese entfaltet ihren fein-nussigen Geschmack am besten im Müsli oder im Kaffee, eignet sich aber auch für Smoothies und zum Backen.

Anwendung

Ein Mandelklassiker schlechthin ist der Bienenstich mit seinem üppigen Belag aus Mandeln und Zucker, der beim Backen karamellisiert. Gemahlene Mandeln ersetzen Mehl oder Stärke und machen Kuchenteige genauso aromatisch und saftig, wie man es von frischen Amaretti aus Italien kennt. Und wer liebt sie nicht als karamellisierte, gebrannte Variante vom Christkindlmarkt in der Vorweihnachtszeit? Geschätzt wird die Mandel auch als Marzipan, jener Rohmasse aus gemahlenen Mandeln und Zucker.

SALZ

Sal

Steinsalz, Meersalz, Kochsalz, Speisesalz, Ursalz

Beschreibung

Speisesalz ist in der Natur in großer Menge vorhanden, zum Großteil als Steinsalz in den weltweit vorkommenden Steinsalzlagerstätten, die in erdgeschichtlicher Zeit in austrocknenden Meeresbuchten entstanden sind – womit Steinsalz nichts anderes ist als Meersalz. Je nach Zeitpunkt seiner Entstehung ist es in unterschiedlichen Farben vorhanden, durch Einlagerungen von Oxiden kann es rötlich bis gelblich, durch Beimengung von Ton oder Natriumionen bräunlich-schwarz über dunkelpurpur bis violett schimmern.
Die zweite große Salzart ist Meersalz, das in Salzgärten aus durch Sonneneinstrahlung verdunstetem Meerwasser gewonnen wird. Alle im Meerwasser gelösten Kristalle lagern sich entsprechend ihrer Löslichkeit nacheinander in mehreren Schichten ab, das als Salz verwendete Natriumchlorid befindet sich in der oberen Schicht, die vor der völligen Trocknung abgeschöpft wird. Beimengungen anderer Salze oder Mineralstoffe lassen sich dabei nicht verhindern, ebenso verbleibt in unbehandeltem Meersalz noch eine Restfeuchte von bis zu fünf Prozent Wasser. Diese zusätzlichen Bestandteile wirken stark aromabestimmend – für echte Salzfans der Hauptgrund, warum Meersalz unterschiedlicher Herkunft und Gestalt völlig unterschiedlich schmecken kann.
Die dritte bekannte Salzart, das Koch- oder Siedesalz, bezieht ihren Namen aus dem Herstellungsverfahren, dem Verdampfen von natürlicher Sole in Salinen. Siedesalinen machen heute den größten Anteil der Salzproduktion der westlichen Industrieländer aus.

Aromatik

Jeder Mensch kennt die Grundgeschmacksrichtung *salzig*, daran lässt sich nicht rütteln. Und da jedes Salz dieser Welt zum Großteil aus Natriumchlorid besteht, schaffen es nicht einmal Profisensoriker, einen echten Unterschied zwischen verschiedenen Salzarten wahrzunehmen. Lediglich die Textur von Salz kann beeinflussen: feine Kristalle entfalten den Salzgeschmack unmittelbar, größere Salzflocken haben einen Verzögerungseffekt mit einer Salzexplosion, wenn man die Kristalle zerbeißt. Unter Salzprofis wird gerne zwischen raffiniertem Industriesalz und angeblichem *Ursalz* unterschieden. Der Ansatz dabei ist, sich gegen handelsübliches Speisesalz auszusprechen und ausschließlich unbehandeltes, meist sehr teures Ursalz wie Himalayasalz, Australian Murray River Salt, Inka-Sonnensalz oder Tibet-Salz zu verwenden, da die gesundheitlich positive Wirkung von Salz durch das Raffinieren verloren geht. Geht man aber davon aus, dass Ursalz wie auch herkömmliches, raffiniertes Salz zu 98 Prozent aus Natriumchlorid bestehen, lassen sich diese Bedenken vernachlässigen – bei einer empfohlenen Aufnahme von rund zwei Teelöffeln (rund sechs Gramm) Salz pro Tag sind sämtliche Inhaltsstoffe im Salz in derart kleinen Mengen enthalten, dass sie keine medizinischen Auswirkungen haben können.

Anwendung

In der richtigen Menge eingesetzt, passt Salz zu allen Speisen und den meisten Gewürzen dieser Welt, da es zusätzlich zu den Aromakomponenten immer die Grundgeschmacksrichtung *salzig* anregt und damit zu einem harmonischen Gesamtbild beiträgt. Salzlose Speisen schmecken fad, was auch die Redewendung vom „Salz in der Suppe“ belegt. Auch verringert Salz die Löslichkeit anderer organischer Würzstoffe und erhöht damit die Wahrnehmung im Essen. Durch Osmose schließt Salz die Zellwände von Gemüse oder Nudeln auf, womit sich im Salzwasser die Kochzeit verkürzt und damit wichtige Inhaltsstoffe erhalten bleiben. Als geschmacklich spannende, vegane Alternative empfiehlt sich südasiatisches *Kala Namak*, auch Schwarzsalz genannt. Kala Namak ist ein vulkanisches Steinsalzmineral, das wie herkömmliches Salz zum Großteil aus Natriumchlorid besteht. Typisch sind jedoch die vulkanischen Verunreinigungen, von denen es die dunkelviolette Farbe und den schwefelig-rauchigen, leicht bitteren Geschmack erhält. In hoher Konzentration erinnert das Würzmittel an faule Eier, dezent dosiert passt es in der veganen Küche in Kombination mit Tofu perfekt als natürlicher Ei-Ersatz.

SESAM

Sesamum indicum

Beschreibung

Sesam wird als die älteste Ölpflanze der Welt vermutet, kulinarisch verwendet werden sowohl die Samen wie auch das Öl. Die Samen der Sesampflanze können schwarz, braun oder gelbweiß sein. Während der Schwarze Sesam vielfach als die Urform bezeichnet wird, der sich vor allem in Japan großer Beliebtheit erfreut, ist der Braune Sesam in vielen orientalischen, indischen und afrikanischen Landesküchen vertreten.

Aromatik

Sesam schmeckt generell leicht nussig und angenehm aromatisch. Die schwarzen und braunen Varianten sind stets ungeschält, wodurch ihr Aroma intensiv-nussig, erdig, leicht bitter und sehr vollmundig ist. Am mildesten ist der geschälte, Gelbweiße Sesam. Nach Möglichkeit sollte man den ungeschälten, ursprünglichen Formen den Vorzug geben, da sie den höchsten Gehalt an wertvollen Inhaltsstoffen aufweisen – will man den Geschmack von Sesam intensivieren, röstet man ihn kurz und ohne Fett in der Pfanne an. Auch das ursprünglich Japanische *Sesamsalz Gomashio* empfiehlt sich sehr als Würzmittel. Gomashio wird aus geröstetem und gemahlenem Schwarzen Sesam mit einem geringen Anteil Meersalz gemischt und verfeinert mit seinem nussig-salzigen Aroma, ohne allzu stark zu salzen. Eine geschmackliche Alternative ist das fein-nussige *Sesamöl*, das sich hervorragend als Salatöl für kalte Anwendungen eignet, zumal es aufgrund des hohen Gehalts an ungesättigten Fettsäuren nicht stark erhitzt werden sollte.

Anwendung

Sesam ist weltweit eine der am meisten verwendeten Zutaten und passt zu pikanten genauso wie zu süßen Gerichten. Wer arabisches Hummus aus pürierten Kichererbsen genießt, hat gemahlenen Gelbweißen Sesam in Form der geschmackvollen Tahina-Würzpaste vor sich. Tahina gibt es aus geschältem oder ungeschältem Sesam, wobei die Variante aus ungeschältem Sesam deutlich herber, voller und kräftiger schmeckt. Die süße orientalische Spezialität Halva basiert auf Sesam. Backwaren von Bagels über Burger Buns bis hin zu Sesamkringeln, Müsliriegel, Knabbersnacks und vieles mehr wären ohne Sesam nicht denkbar.

SOJA

Glycine max

Beschreibung

Die Sojabohne, auch Soja genannt, gilt aufgrund ihrer Vielseitigkeit als eine der Hauptzutaten der veganen Küche – und nicht nur dort. Soja ist eine Pflanzenart aus der Familie der Hülsenfrüchtler und stammt aus dem ostasiatischen Raum, wo sie als Nutzpflanze schon seit mehreren Tausend Jahren im Einsatz ist. Soja enthält von Natur aus rund 20 Prozent Öl und gut doppelt so viel Eiweiß, wobei die Eiweißqualität mit der von tierischem Eiweiß vergleichbar ist, was die Sojabohne so wertvoll für Mensch und Tier macht. Rund 98 Prozent der jährlichen Sojamenge werden in Form von Sojakuchen an Tiere verfüttert, der Rest wird kulinarisch verarbeitet. Die größten Sojaproduzenten der Welt sind übrigens die USA, Brasilien und Argentinien, nicht China und Indien, wie man glauben möchte. Leider wird in den großen Anbaugebieten meist genmanipuliertes Soja angebaut, weshalb man kulinarisch generell Bio-Sojaprodukte einsetzen sollte, die ausschließlich aus gentechnikfreiem Soja (meist aus Europa) hergestellt werden. Aus der heutigen Lebensmittelproduktion sind Sojaöl und Sojamehl jedenfalls nicht mehr wegzudenken. Sojaöl ist reich an wertvollen ungesättigten Fettsäuren, das aromatische Öl kommt vor allem in der kalten Küche für Salate und bei Rohkost zum Einsatz. Sojamehl ist in vielen Backwaren enthalten, um den Eiweißgehalt zu steigern. Zudem eignet sich Sojamehl gut zum Binden von Suppen und Soßen, selbst als Ei-Ersatz beim Backen: Ein Esslöffel Sojamehl und zwei Esslöffel Wasser ersetzen ein Ei. Eines der bekanntesten Produkte ist Sojamilch (offiziell Sojadrink), ein aus in Wasser eingeweichten und gepressten Sojabohnen produziertes, pflanzliches Getränk. Sojamilch dient der veganen Küche vor allem als Ersatz für Kuhmilch, denn im Vergleich zu dieser hat Sojamilch etwa gleich viel Eiweiß, weniger Fett, aber dafür mehr günstige Fettsäuren und kein Cholesterin. Durch Fermentierung von Sojamilch entsteht Sojajoghurt, das in seiner Konsistenz zwar etwas weicher ist als Kuhmilchjoghurt, durch Beigabe von Verdickungsmitteln wie Johannisbrotkernmehl aber wie Schlagobers oder Sahne verarbeitet werden kann.

Aromatik

Die meisten Sojaprodukte sind nahezu ohne Geschmack und fast geruchlos – die weitverbreitete, hocharomatische, asiatische Sojasoße besteht nicht aus Soja alleine. Die Würzsoße wird traditionell aus Wasser, gemahlenen Sojabohnen, Salz sowie Weizen- und Reisschrot gebraut (fermentiert), wobei sich das für den Umami-Geschmack verantwortliche Glutamat abspaltet, weshalb Sojasoße als natürlicher Geschmacksverstärker gilt. Sojasoßen beinhalten jedoch kaum noch die positiven gesundheitlichen Eigenschaften der Sojabohne, sie enthalten sehr wenig Eiweiß und günstige Fettsäuren, dafür aber sehr viel Salz. Dabei ist helle Sojasoße weniger salzig und etwas feiner im Geschmack, die dunkle und kräftige Variante hingegen süßlich-würzig. Ähnlich verhält es sich mit Miso, der japanischen Paste, die aus vergorenen Sojabohnen, Salz sowie gedämpfter Gerste oder gedämpftem Reis hergestellt wird und als Suppengrundlage sowie zum Würzen von Soßen und Wok-Gerichten verwendet wird.

Anwendung

Eines der bekanntesten Sojaprodukte, Tofu, wird durch die Gerinnung von Sojamilch gewonnen. Die Produktion erinnert an die von Käse, allerdings ohne Reifeprozess, denn Tofu wird frisch verwendet. In China bevorzugt man dabei den schnittfesten Tofu (Baumwolltofu), der in seiner Konsistenz mit frischem Fleisch vergleichbar ist und daher meist im Wok verarbeitet wird. In Japan bevorzugt man den weicheren Seidentofu, der an Vanillepudding erinnert und gerne gekühlt gegessen wird. Tofu hat von Natur aus wenig Eigengeschmack und ist fast geruchlos, womit er sowohl für pikante wie auch für süße Zubereitungen verwendet werden kann, vor allem aber als Geschmacksträger von Aromen anderer Zutaten. Mittlerweile wird Tofu auch schon geräuchert oder mit Kräutern versetzt angeboten. In der internationalen veganen Küche ist Tofu vor allem als Fleischersatz für Eintöpfe, Suppen oder Reisgerichte in Verwendung, wo er sich perfekt als Träger asiatischer Gewürze wie frisch geriebenem Ingwer, Zwiebeln, Sesam oder Szechuanpfeffer eignet – das Würzen spielt bei Tofu eine besonders wichtige Rolle.

Juglans regia
Echte Walnuss, Welschnuss

Beschreibung

Walnüsse sind beinah auf der ganzen Welt anzutreffen, bevorzugt auf der Nordhalbkugel von Amerika über Europa bis China und Japan. Als Echte Walnuss bezeichnet man sowohl den Walnussbaum wie auch die Nussfrucht. Es handelt sich um einen sommergrünen Laubbaum, der bis zu 30 Meter hoch und um die 150 Jahre alt werden kann. Die Kerne seiner Früchte mit der bekannten braunen, rissigen Schale sind die Walnüsse, botanisch den Nussfrüchten zugeordnet.

Aromatik

Walnüsse sind der geschmackliche Inbegriff für nussige, süßlich-bittere und zugleich fruchtig-erdige Aromatik, mit pelziger, cremig-sanfter Konsistenz am Gaumen. Durch Anrösten in der Pfanne wird der Eigengeschmack deutlich verstärkt, durch Zugabe von Zucker entstehen zusätzliche, karamellig-röstige Düfte. Zu heiß sollte man die Kerne jedoch nicht geraten lassen, da sie sonst bitter werden. Eine aromatische Spezialität ist *Nusslikör* oder *Nussgeist*, bevorzugt aus unreifen, grünen Nussen durch Ansetzen und Auslaugen hergestellt. Dann werden Nüsse in neutralem Grappa oder Korn für einige Wochen eingelegt und mit Gewürzen wie Zimt, Muskatnuss oder Kaffeebohnen verfeinert.

Anwendung

Die Walnuss wird traditionell zum Backen genutzt, wobei sie viel mehr kann als nur rund um Weihnachten Kekse, Plätzchen und Kuchen zu verfeinern. Ihr intensiv-nussiges Aroma passt hervorragend zu Obstsalaten, in Müslis und in Speiseeis. Aber auch in der pikanten Küche finden sich vielseitige Anwendungsmöglichkeiten, wo ihre besondere röstige Note für Furore sorgt. So rundet sie etwa knackige Salate wie den klassischen Waldorfsalat mit Äpfeln, Sellerie und Mayonnaise ab. Im Nussbrot werden die Früchte gerne mitgebacken und bieten dabei ein feines Zusammentreffen von süßlich-würzigen Röstaromen, die sich während des Backprozesses bilden. Eine spannende Alternative ist kaltgepresstes *Walnussöl*, intensiv-nussig und hoch im Gehalt an ungesättigten Fettsäuren – dieses immer gekühlt aufbewahren, es wird schnell ranzig.

ZUCKER

Saccharum

Beschreibung

Zucker ist ein aus Pflanzen gewonnener, kristalliner Rohstoff. Die beiden Hauptquellen von Zucker sind Rohrzucker (Saccharum officinarum) aus tropischen Regionen wie Brasilien, Kuba, dem Süden der USA oder Südafrika und Rübenzucker (Beta vulgaris) aus landwirtschaftlichem Anbau in beinah allen gemäßigten Regionen der Welt. Hinsichtlich der Form einzelner Spezialitäten ist Kandiszucker beliebt, vor allem unter Teetrinkern. Kandis ist eine unter Vakuum eingedickte Zuckerlösung, die in großen, weißen, kristallähnlichen Stücken oder als mit Zuckercouleur gefärbter brauner Kandis verkauft wird. Hagelzucker oder Perlzucker ist grobes Zuckergranulat, das durch Agglomerieren (Kornvergrößerung) von feinem Zucker hergestellt wird. Klassischer Kristallzucker wird sowohl aus braunem Zuckerrohr wie auch aus weißen Zuckerrüben hergestellt und ist in verschiedenen Korngrößen verfügbar. Der zum Bestäuben von Backwaren geschätzte Puder- oder Staubzucker ist fein vermahlener Weißzucker ohne fühlbare einzelne Kristalle.

Neben Zucker aus den beiden vorherrschenden Rohstoffen gibt es auch Alternativen wie den Ahornsirup aus eingedicktem Saft des kanadischen Zuckerahorns. Ebenfalls um eine eingedickte, sirupartige Flüssigkeit handelt es sich beim Agavensirup, süßer als Honig, aber weniger zähflüssig. Agavensirup wird aus verschiedenen Agavenarten in Mexiko produziert und vor allem in der veganen Küche als Honigersatz verwendet.

Die Frage, ob Bienenhonig in die vegane Küche gehört, lässt Raum für Diskussionen. Grundsätzlich besteht Honig lediglich aus Wasser und den Einfachzuckerarten Fructose (Fruchtzucker) und Glucose (Traubenzucker) und enthält keine tierischen Bestandteile. Da aber Honig gemäß den Aussagen verschiedener Tierschutzvereine zumeist von großen ausländischen Imkern stammt und damit wie bei Fleisch, Milch und Eiern ausschließlich wirtschaftliche, ausbeuterische Interessen verfolgt werden, gilt Honig als nicht veganes Lebensmittel: Vegane Ernährung ist frei von allen Produkten, für die Tiere ausgebeutet und getötet werden – gemäß der Definition von PETA, der weltweit größten Tierrechtsorganisation.

Aromatik

Zucker im Rohzustand riecht nicht und hat kaum Aroma, er definiert sich lediglich durch die Grundgeschmacksrichtung süß. Erst durch Erhitzen von Zucker bilden sich die köstlichen, würzig-karamelligen und honigähnlichen Noten. Vernünftig eingesetzt ist Zucker ein wunderbarer Geschmacksverstärker in der Küche, unverzichtbar als Einmachzucker von Obst und Gemüse, als Glasur auf Gebäck und Torten, als Füllung in Süßwaren oder Pralinen, als Gelierzucker für Konfitüren und Marmeladen oder als Vanillezucker mit Vanillemark gemischt.

Anwendung

So vielfältig die Erscheinungsformen von Zucker, so abwechslungsreich sind auch die Anwendungsmöglichkeiten des Süßmachers in der Kulinarik. Zweifelsfrei gehört er zu den wichtigsten Zutaten in der Küche, wobei sich die verschiedenen Arten auch für unterschiedliche Einsatzzwecke eignen. Neben der Verwendung beim Backen, Einmachen, Bestäuben oder Dekorieren bei süßen Gelegenheiten kann Zucker genauso beim Kochen, Würzen und Verfeinern pikanter Gerichte und Soßen unverzichtbar sein. Er wirkt nämlich oftmals harmonisierend auf die anderen Geschmacksrichtungen – so bremst er etwa einen Überhang an Bitterstoffen oder säuerliche Noten aus – und unterstreicht unter anderem die Fruchtsüße von Obst und Gemüse. In jedem Fall genügt es, Zucker – in welcher Variante auch immer – maßvoll einzusetzen, sodass primär die natürlich Süße vieler Lebensmittel zur Geltung kommen kann. Versteht man Zucker nämlich vielmehr als Gewürz und dosiert ihn ebenso behutsam wie andere Aromen, eröffnen sich für den Gaumen völlig ungeahnte geschmackliche Horizonte. Um die größtmögliche Geschmacksentfaltung zu forcieren, gibt es für Zucker, anders als bei anderen Gewürzen, keinen optimalen Zeitpunkt der Beigabe. Zucker wirkt immer und sofort. Vielmehr variiert sein Einsatz in Abhängigkeit von seinem Aggregatzustand und Verwendungszweck.

Die zehn besten veganen Gewürzmischungen

Es ist wie in der Musik: Erst mit der richtigen Komposition an Gewürzen wird ein veganes Gericht eine runde Sache, wo jede einzelne Zutat ihren unvergleichlichen, einzigartigen Geschmack verleiht. Dabei sind fertig abgepackte Mischungen großer Anbieter geschmacklich oft zu harmonisch ausgelegt, um eine möglichst breite Zahl an Konsumenten zufrieden zu stellen. Zudem haben frisch zubereitete Mischungen den Vorteil stärkerer Aromatik und Würzkraft. Aus diesem Grund empfehlen die beiden Autoren von Vegan Würzen die Zusammenstellung eigener, individueller Gewürzmischungen, wo so manche Zutat für richtigen Pepp in der veganen Kulinarik sorgt und den Gaumen auf eine einzigartige Gewürz-Rallye mitnimmt. Dabei gilt: Der Kreativität sind keine Grenzen gesetzt. Um einen ersten Eindruck an stimmigen Kombinationen zu geben, finden sich hier die aus Sicht der Autoren zehn besten Gewürzmischungen. Benannt nach der jeweils typischen Herkunft, zur einfacheren Orientierung innerhalb der Vielfalt an Gewürzregionen auf dieser Erde. Alle zehn Varianten kommen ohne Salz aus, basieren dafür auf Chili. Aktuelle Studien aus Ostasien haben ergeben, dass der Einsatz der scharfen Schote das Verlangen nach Salz reduziert und den Geschmack anderer Zutaten deutlich verstärkt, sodass sich das Salzen von Speisen meist erübrigt. Je nach Schärfeverlangen kann man die Chilis reduzieren oder auch ganz weglassen.

ROMANTISCHER FRANZOSE

Charakter

Im Geruch saftig-blumig mit violett-ätherischem Wiesenduft; frisch und gemüsig mit Anklang von süßlich-karamellisierten Zwiebeln; im Geschmack kümmelig mit betonter Bitternote, zart nach getrockneten Orangenschalen; angenehm ansteigende Pfefferschärfe mit frisch-minzigem Abgang.

Passt perfekt zu

Blumenkohl, Erdbeeren, Jungzwiebeln, Kartoffeln, Nudeln, Romanesco, Rote Bete, Süßkartoffeln, Zwiebeln

Zutaten

Chili

Grüner Pfeffer

Kreuzkümmel

Lavendel

Salbei

Schwarzer Pfeffer

LÄSSIGER ITALIENER

Charakter

Im Geruch harmonisch mediterran, nach frisch gebackener Pizza mit viel Amore; rotfruchtig, trockenes Heu, zart harzig-ätherisch; im Geschmack Kampfer mit zarter Fruchtnote, erzeugt schnell Bilder vom Urlaub am Mittelmeer; lang anhaltend mit sanft stützender Schärfe, ohne dicht aufzutragen.

Passt perfekt zu

Artischocken, Blattspinat, Fenchel, Gurken, Nudeln, Paprika, Reis, Tomaten aller Art, Zucchini, Zwiebeln

Zutaten

Basilikum

Chili

Knoblauch

Majoran

Oregano

Paprika

Rosmarin

Thymian

HANTIGER GERMANE

Charakter

Im Geruch kantig, harzig, frisch, mit süßlich-würzigem Ansatz von Kümmel und Anis; im Geschmack lieblich mit betörend grasigem Aroma, zunehmend erdig-schwefelige Knoblauchnote; lang und füllig mit überzeugender scharfer Note, sanft nussig-herb im Finale.

Passt perfekt zu

Grünen Bohnen, Kartoffeln, Kohlrabi,
Möhren, Weinblättern

Zutaten

Chili

Dill

Knoblauch

Petersilie

Schnittlauch

Schwarzer Pfeffer

Senf

WILDER MEXIKANER

Charakter

Im Geruch exotisch-fruchtig mit einem Hauch an reifen Tomaten und reifen Mangos, unterlegt von bitter-süßer Pimentnote; herausragend füllig mit zart salzigem Anklang und gut stützender Schärfe, ohne dabei zu übertreiben; lang, warm und ätherisch satt im Abgang und dabei wunderbar ausgewogen.

Passt perfekt zu

Amaranth, Avocado, Linsen, Mais, Quinoa, Weißen Bohnen, Zucchini

Zutaten

Chili

Kreuzkümmel

Majoran

Oregano

Piment

Thymian

FEURIGER UNGAR

Charakter

Im Geruch intensiv wildromantisch, rotblumig mit Anklang von herb-kümmeliger Bitterness und getrockneten Wiesenblumen; im Geschmack cremig, satt und warm mit süßlich-ätherischem Aroma, je nach Chilisorte betonte Schärfe mit angenehmer Bitternote und langem Nachhall.

Passt perfekt zu

Blumenkohl, Champignons, Fenchel, Kirschtomaten, Kohlrabi, Kraut, Kürbis, Möhren, Paprika, Weißkohl

Zutaten

Chili

Knoblauch

Kümmel

Liebstöckel

Paprika

Schnittlauch

Schwarzer Pfeffer

Senf

EXOTISCHER INDER

Charakter

Im Geruch satt-tomatig mit intensiver, wildwürziger Currynote; süßlich-fruchtig und lang; im Geschmack süß, warm, rund und pfeffrig, zunehmend scharf mit gelbfruchtigen, zart säuerlichen Anklängen; dank Chili und Pfeffer im Finale betont feurig mit ätherischem Fruchtkick.

Passt perfekt zu

Äpfel, Ananas, Blattspinat, Erdbeeren, Grünen Bohnen, Kichererbsen, Kohl, Kokosmilch, Mandeln, Pastinaken, Reis, Rosenkohl, Sauerkraut, Zwiebeln

Zutaten

Zimt

Chili

Gewürznelken

Kardamom

Kurkuma

Langer Pfeffer

Piment

PRICKELNDER CHINESE

Charakter

Im Geruch üppig zitronig mit Anklang von geriebener Grapefruitschale; laut, stürmisch und wild, gestützt von einer warmen Knoblauchnote; im Geschmack süß-säuerliche Dominanz des Szechuanpfeffers, dank Knoblauch aber auch weiche Komponenten für eine perfekte Länge; Chili setzt im Finale gut drauf, ohne dabei zu stören.

Passt perfekt zu

Ananas, Brokkoli, Jungzwiebeln, Kokosmilch, Mangold, Okraschoten, Pak Choi, Rosenkohl, Tofu

Zutaten

Chili

Ingwer

Knoblauch

Szechuanpfeffer

GOSCHERTER WIENER

Charakter

Im Geruch anfangs ruhig, an der Luft zunehmend lauter, satter, fülliger, mit süßlich-animierender, zwiebeliger Nase, zart karamellisiert; frisch und duftig im Geschmack, unterschwellig süß und extraktvoll, mit gut stützender Schärfe und ausreichend Tiefgang, feinpudrig-aromatisch im Finale.

Passt perfekt zu

Amaranth, Kirschtomaten, Lauch, Mangold, Pak Choi, Rote Bete, Wirsingkohl, Zucchini

Zutaten

Bärlauch

Brennnessel-samen

Zimt

Chili

Ingwer

Petersilie

Zitronenmelisse

Zwiebeln

GEHEIMNISVOLLER ARABER

Charakter

Im Geruch feurig-warm, mit dunkelroter Fruchtigkeit, satt und cremig, ätherisch anmutend; im Geschmack harzig-würzig mit süßlichen Anklängen, zitrusähnlich; die dezente Schärfe trägt nicht auf und stützt die erdig-bittere Note, der Knoblauch hält lange an.

Passt perfekt zu

Brokkoli, Kartoffeln, Kichererbsen, Kürbis, Linsen, Mandeln, Okraschoten, Pastinaken, Weißen Bohnen

Zutaten

Chili

Knoblauch

Koriander

Kreuzkümmel

Muskatnuss

Oregano

KESSER RÖMER

Charakter

Im Geruch saftig-grasig mit gelb-grünen Noten; sanft fruchtig mit exotischen Anklängen und versteckter Vanille; süß und satt im Geschmack, mit stützender Bitternote, zart ätherisch-ölig; frischer Pfeffer mit pikanter, mittellanger Schärfe, die gut eingebunden ist; angenehm smoky im Finale.

Passt perfekt zu

Champignons, Jungzwiebeln, Kartoffeln, Lauch, Mais, Quinoa, Romanesco, Tofu, Tomaten, Weißkohl

Zutaten

Bärlauch

geräucherte Chili

Grüner Pfeffer

Paradieskörner

Salbei

VEGANE GEWÜRZE VON A–Z

Vegan Würzen versteht sich als Nachschlagewerk für die Anwendung heimischer und internationaler Gewürze in der veganen Kulinarik im deutschsprachigen Raum. Das Wort Gewürz hat seinen Ursprung im Mittelhochdeutschen wurz und bedeutet Wurzel. Das Österreichische Lebensmittelbuch (Codex Alimentarius Austriacus) definierte im Jahr 2016 Gewürze als „natürliche Pflanzenteile“, die wegen ihres Gehaltes an besonderen Inhaltsstoffen geeignet sind, „Geruch und Geschmack von Lebensmitteln zu beeinflussen“. Sie kommen sowohl in getrockneter Form, im Ganzen als auch geschnitten, gerebelt oder pulverisiert in den Handel. Sämtliche frische, nicht getrocknete oder verholzte Teile einer Pflanze werden als Kräuter bezeichnet. Um die Unterscheidung zwischen den Bezeichnungen jedoch nicht unnötig kompliziert zu machen, gilt folgende alte Küchenweisheit: **Gut gewürzt ist halb gewonnen, frisch gewürzt ist ganz gewonnen.** Dazu wurden für den folgenden Gewürzteil 50 verschiedene Gewürze von den Autoren persönlich gerochen und verkostet sowie die typischen Anwendungen beschrieben. Zusätzlich wird jedem Gewürz eine Würzanwendung in Form eines Rezeptes zugewiesen – als Überleitung zum anschließenden Praxisteil.

AJOWAN

Trachyspermum ammi
Königskümmel, Indischer Kümmel

Passendes Rezept
Seite 106

Beschreibung

Botanisch betrachtet zählt Ajowan zu den weißblühenden Doldenblütlern, sowohl die optisch dem Kümmel ähnlichen Früchte wie auch die ganze Pflanze verströmen den typischen Thymiangeruch. Verantwortlich für dieses Aroma ist das ätherische Öl Thymol, das sich eben auch im Thymian oder aber im Oregano und im Bohnenkraut wiederfindet. Ajowan stammt aus dem östlichen Mittelmeergebiet, seine traditionellen Anbaugebiete liegen seit dem Altertum in Ägypten, im Iran und in Äthiopien.

Aromatik

Ajowan kauft man ausschließlich als ganze Früchte, sie werden entweder im Ganzen verwendet oder als frisch gemahlenes Pulver aus dem Mörser. Die getrockneten Ajowanfrüchte, manchmal ungenau auch als Ajowansamen bezeichnet, sind für ihr typisch starkes Thymianaroma bekannt und schmecken brennend-aromatisch, ähnlich dem Kreuzkümmel – wegen des starken Geschmacks sollte er kulinarisch nur in geringen Mengen verwendet werden.

Anwendung

Optimal passt Ajowan als Gewürz zu stärkehaltigen Speisen, zu Hülsenfrüchten, Wurzeln oder sogar Mehlspeisen, oft findet man ihn in indischen Currys sowie auf Backwaren. Aufgrund des bitteren, leicht scharfen und intensiven Geschmacks genügt eine kleine Menge, die man bevorzugt mitkocht oder mitbäckt, damit sich die betäubende Wirkung der Früchte komplett abbaut. Je länger man sie gart, umso zarter und milder werden sie im Geschmack. Oder man röstet das Gewürz vorher trocken an, um die scharfen Aromen harmonischer zur Geltung kommen zu lassen. Da die enthaltenen Aromastoffe gut fettlöslich sind, verleiht Ajowan eine besonders intensive Note, wenn man die Früchte in Öl anbrät oder zum Aromatisieren von Gewürzölen ansetzt. Auch wird Ajowan in der arabischen und indischen Küche gerne in Gerichten aus Linsen oder Bohnen eingesetzt, um diese leichter verdaulich zu machen und um die Bewegungen des Magen-Darm-Trakts günstig zu beeinflussen.

Passendes Rezept
Seite 170

Pimpinella anisum

Beschreibung

Der Anis stammt aus der Familie der Doldenblütler, aus dem doppeldoldigen Blütenstand reifen die trockenen, braunen, zweigeteilten Anisfrüchte. Die Herkunft von Anis wird im östlichen Mittelmeerraum vermutet, heute wird das Gewürz beinahe weltweit angebaut, wobei der echte Anis zunehmend vom ertragreicheren und günstigeren Sternanis aus China abgelöst wird. Schon seit Jahrhunderten wird Anis in Griechenland gerne als Duftmittel in Würzweinen eingesetzt, bei den Römern fand Anis Einzug in die Feinbackwaren, so wurden bei hohen Festlichkeiten Aniskekse gereicht.

Aromatik

Der Geruch und Geschmack von Anis wird vom ätherischen Öl *Anethol* bestimmt, ähnlich zu Fenchel oder Sternanis, mit dem der Anis botanisch betrachtet jedoch nicht verwandt ist. Typisch für Anis ist die süße, zart minzige, an Gewürznelken und Lakritze erinnernde frische Aromatik, beim schnellen Hineinriechen oft auch ein wenig beißend. Durch Erhitzen von Anis bilden sich zusätzliche likörartige Röstaromen. Anis verwendet man als ganzen Samen, es empfiehlt sich dabei, diese erst kurz vor der Verwendung im Mörser leicht zu zerstoßen, damit sie ihren vollen, erfrischenden Duft entfalten können. Die geschmackstragenden, ätherischen Öle verflüchtigen sich sehr rasch. Daher sollte man frisch angebrochenes Anispulver schnell verbrauchen oder in einer luftdichten Dose lagern.

Anwendung

Anis wird bevorzugt zum Verfeinern von Süßspeisen, Backwaren und den bekannten Anislikören eingesetzt. Ob weihnachtliche Plätzchen, Früchtebrote, Kuchen oder Weizenbrote – sie alle erhalten durch Anis eine besondere Note. In pikante Gerichte passt Anis ebenfalls sehr gut, unter anderem in deftige Gemüsesuppen oder in Eintöpfe mit Hülsenfrüchten, denen man eine liebliche, leicht exotische Note verleihen möchte. Als sehr guter Aromaträger harmoniert Anis perfekt mit geschmacksintensiven Gemüsesorten wie Rote Bete, Paprika oder Tomate.

ASANT

Ferula assa-foetida
Assa Foetida, Asafoetida, Teufelsdreck

Passendes Rezept
Seite 134

Beschreibung

Asant ist eine Pflanzenart aus der Familie der Doldenblütler. Sie stammt ursprünglich aus dem Iran und Afghanistan und gelangte schon zu Zeiten der Römer auf dem Landweg in den Mittelmeerraum. Im Kochbuch des Apicius findet man die Begriffe silphium oder laser, die auf das pulverisierte Asafoetidaharz anspielen. Damals wie heute gewinnt man das gummiartige Harz aus der Wurzel, die in kräftige Scheiben geschnitten wird. Der austretende Milchsaft wird nach dem Trocknen abgeschabt und zu Klumpen verknetet. Schließlich bricht man kleine Stücke vom Harzklumpen ab, vermischt diese mit Mehl, um eine weitere Klumpenbildung zu verhindern, und zerstampft alles zu Pulver. Heute ist Asant vor allem im Iran, in Afghanistan und Russland bis ins westliche Pakistan hinein verbreitet und ein gern verwendetes Gewürz in der Küche Indiens.

Aromatik

Asant ist ein pulverisiertes Harz, das intensiv nach Knoblauch und Zwiebel riecht. Sein Geruch wird anfangs als eher unangenehm wahrgenommen – daher der Beiname Stinkasant. Es ist der enthaltene *Harzanteil*, der Asant einen bitteren, fast beißenden Geschmack verleiht. Wird er allerdings kulinarisch verwendet, ändert sich sein Geruch und Geschmack in Richtung Zwiebel und Knoblauch.

Anwendung

Wer sich durch den strengen Geruch von Asant nicht abschrecken lässt, wird seine kulinarischen Vorzüge – sparsam eingesetzt – rasch schätzen lernen. Sein wahres Aroma entfaltet Asafoetida, wenn man ihn in Öl anbrät, selbst mit einer Messerspitze davon setzt man starke geschmackliche Akzente. Möglich ist auch, Asant vor der Verarbeitung in ein wenig heißem Wasser aufzulösen und der Speise beizugeben. Durch seine verdauungsfördernde Wirkung kommt Asant gerne in der indischen und ayurvedischen Küche und in Verbindung mit Bohnengerichten zum Einsatz, passt aber auch gut zu Suppen, Eintöpfen, in Relishes oder Pickles.

Passendes Rezept
Seite 140

Allium ursinum
Bärenlauch, Knoblauchspinat, Wilder Knoblauch

Beschreibung

Der Bärlauch ist eine in Zentraleuropa stark verbreitete, früh im Jahr austreibende Pflanze aus der Gattung der Lauchgewächse, die sich zum Großteil in schattigen, feuchten und humusreichen Auwäldern und Laubwäldern oder an Bächen findet. Meist ab März treiben zwei, selten ein oder drei Bärlauchblätter aus dem Boden, die Blattoberseite glänzt und ist von dunklerem Grün als die matte Unterseite. Vorsicht beim Selbstsammeln vor den giftigen Doppelgängern Maiglöckchen und Herbstzeitlose!

Aromatik

Mit seiner unverkennbaren Aromatik steht der Bärlauch in enger Verwandtschaft zum Schnittlauch *(Allium schoenoprasum)*, zum Knoblauch *(Allium sativum)* und zur Gemeinen Zwiebel *(Allium cepa)*. All diesen Pflanzen typisch ist das hocharomatische Lauchöl, das sich beim Bärlauch vor allem in den Blättern bildet, mit kräftigem Knoblauchduft und scharf zwiebeligem Geschmack. Dieses Aroma bildet sich aus dem Inhaltsstoff *Allicin* – einer flüchtigen, schwefelhaltigen Verbindung.

Anwendung

Als Gewürz genutzt werden die jungen Blätter, wobei man aufgrund des starken Knoblauchgeruchs auf die richtige Dosierung aufpassen sollte. Frischen Bärlauch sollte man immer waschen und erst kurz vor der tatsächlichen Verwendung klein schneiden. Optimal eignet er sich für kalte Zubereitungen, wo er seine volle geschmackliche Vielfalt ausspielen kann. Durch Hitzeeinwirkung verändert sich das Knoblaucharoma rasch und kann sich bei überlangem Kochen verflüchtigen, womit der Bärlauch bitter wird. Wenn eine warme Zubereitung geplant ist, dann sollte Bärlauch jedenfalls nur sehr kurz mitgegart werden. Daher passt Bärlauch vor allem roh und klein geschnitten unter Salate oder andere Speisen gemischt und kann damit Schnittlauch oder Zwiebel ersetzen. Auch die weißen Blüten sind kulinarisch einsetzbar und schmecken besonders gut und intensiv als Deko auf Salaten, Risotto oder Nudelgerichten.

BASILIKUM

Ocimum basilicum
Basilie, Basilienkraut, Königskraut

Passendes Rezept
Seite 178

Beschreibung

Basilikum zählt zur Familie der Lippenblütler und ist mit Kräutern wie Rosmarin und Salbei verwandt. Aus der mediterranen Küche ist Basilikum heute nicht wegzudenken – umso erstaunlicher ist es, dass die Basilikumpflanze im Mittelmeerraum ursprünglich nicht beheimatet war und eigentlich aus Nordwestindien stammt. Basilikum ist sehr artenreich, von den in der Kulinarik vorkommenden Formen gibt es zahlreiche Unterarten wie etwa Anisbasilikum, Thai-Basilikum, Zimtbasilikum oder Zitronenbasilikum.

Aromatik

Bei Basilikum werden die eiförmigen, markanten Blätter verwendet, frisches Basilikum zeichnet sich durch seinen aromatischen, leicht süßlichen, etwas pfeffrigen Geschmack aus. Eine Möglichkeit, das Aroma von Basilikum bestmöglich zu erhalten, ist, die Blätter in Olivenöl oder Essig einzulegen. Auch das allseits bekannte *Pesto* ist eine Möglichkeit, Basilikum haltbar zu machen. Bevorratet man getrocknetes oder gehacktes Basilikum, sollte dies unbedingt in aromadichten Gläsern passieren.

Anwendung

Da Basilikum geschmacklich sehr dominant ist, ist es in der Küche gerne ein Einzelkämpfer, harmonische Kombinationen ergibt es aber dennoch gemeinsam mit Oregano oder Majoran. Frisches Basilikum harmoniert perfekt mit Tomaten, Zucchini oder Aubergine. Andere Basilikumsorten wie etwa Thai-Basilikum sind in der südasiatischen Küche sehr beliebt und verleihen Glasnudelgerichten, Suppen und Salaten ihren typischen Geschmack. In jedem Fall sollte Basilikum frisch verwendet werden, da seine Aromastoffe beim Erhitzen allmählich verloren gehen. Auch sollte man die Basilikumblättchen erst kurz vor der Verwendung von den Stielen zupfen. Wird es für warme Speisen eingesetzt, ist es besser, es erst nach dem Kochen, Braten oder Backen hinzuzufügen – oder zumindest einen Teil frisch am Schluss als Garnierung zu verwenden.

Passendes Rezept
Seite 118

Trigonella foenum graecum
Kuhhornklee, Griechisches Heu, Philosophenklee

Beschreibung

Der Bockshornklee stammt ursprünglich aus dem Mittleren Osten und dem Mittelmeerraum und gehört zur Unterfamilie der Schmetterlingsblütler innerhalb der Familie der Hülsenfrüchtler. Er ist eine sehr alte Pflanze, die schon im antiken Ägypten in der Pflanzenheilkunde und im Rahmen religiöser Handlungen Einsatz fand. Heute ist Bockshornklee über Südeuropa, Afrika, den Nahen Osten, Indien, China und Australien verbreitet und wird in vielen Landesküchen als Gewürz eingesetzt.

Aromatik

Bockshornklee riecht intensiv-würzig und erinnert ein wenig an Liebstöckel, aber auch entfernt an frisch gemähtes Heu, was ihm seinen Beinamen *Griechisches Heu* eintrug. Im Geschmack sind die Samen eher bitter, etwas mehlig und entfalten ihr volles Aroma vor allem in gekochten Zubereitungen. In Indien, wo Bockshornklee gerne verwendet wird, verstärkt man, wie bei vielen anderen Gewürzen auch, seine Wirkung durch vorheriges trockenes Anrösten. Es empfiehlt sich generell, ihn als ganze Samen zu kaufen und erst bei Bedarf frisch zu mörsern oder zu mahlen.

Anwendung

Der Einsatz von Bockshornklee in der Küche verspricht neuartige Geschmackserlebnisse. Röstet man ihn ohne Fett in einer Pfanne, reduziert sich sein bitterer Geruch und Geschmack, dafür entfalten sich vielfältige exotische Aromen. Man kann ihn aber auch getrost mitkochen, einen dezenten bitteren Ton hinterlässt er in allen Gerichten. Sehr häufig findet man ihn in indischen Currygerichten oder in nordafrikanischen Eintöpfen und Gemüsegerichten. Die ganzen Samen werden gerne zum Bestreuen von Kleingebäck und Brot verwendet. In Indien würzt man nicht nur mit seinen Samen, sondern auch mit seinen grünen Blättern, die ebenso als Gemüse gegessen werden können. Seine Keimlinge werden als würzige Zutat in Salaten oder als Sprossengemüse verzehrt, die gerösteten und gemahlenen Samen dienen in der Türkei, in Indien oder China als Kaffeeersatz.

BOHNENKRAUT

Satureja hortensis et al
Sommerbohnenkraut, Winterbohnenkraut, Saturei

Passendes Rezept
Seite 136

Beschreibung

Das zur Familie der Lippenblütengewächse gehörende Bohnenkraut ist vor allem im östlichen Mittelmeerraum beheimatet, wo es sich als Allround-Gewürz großer Beliebtheit erfreut, zumal die krautige Pflanze eng mit bekannten Kräutern wie Oregano und Majoran verwandt ist. Blühendes Bohnenkraut ist mit seinen Farben weiß, blassrosa und lila hübsch anzusehen und kann auch zur Dekoration eingesetzt werden. In der Kulinarik verwendet man Bohnenkraut in getrockneter Form wie auch frisch und tiefgefroren – selbst als getrocknetes Gewürz verfügt es über eine hohe Würzkraft, einerlei ob man es gerebelt, grob zerkleinert oder gemahlen einsetzt.

Aromatik

Bohnenkraut schmeckt sehr würzig-pfeffrig mit einer pikanten Zitrusnote und erinnert an eine Mischung aus Rosmarin, Thymian und Pfeffer. Sein Aroma variiert je nach Erntezeitpunkt und Jahreszeit – das Winterbohnenkraut *(Satureja montana)* schmeckt zwar etwas intensiver als das Sommerbohnenkraut, welches aber im kommerziellen Anbau bevorzugt wird, da es nicht verholzt.

Anwendung

Lange Zeit war Bohnenkraut als typisches Gewürz auf jedwedes Bohnengericht abonniert, dabei kann mit dem würzig-pfeffrig Kraut noch so einiges andere gewürzt werden. Neben Hülsenfrüchten, die das Kraut besser verträglich machen, harmoniert es generell mit deftigen Gerichten. Es passt gut zu Gemüse, anderen Kräutern wie Basilikum, Petersilie, Dill und Estragon und es verfeinert Soßen. Wer zu intensive Geschmackserlebnisse mit Bohnenkraut vermeiden möchte, kann das Kraut am Ende der Speisenzubereitung, also vor dem Servieren, wieder entfernen. So bleibt sein Hauch angenehm im finalen Gericht, ohne dabei zu stark zu dominieren. In der südfranzösischen Küche wird getrocknetes Bohnenkraut gerne mit anderen mediterranen Würzkräutern, von Oregano über Estragon bis Lavendel, für die traditionsreiche Würzkomposition *Kräuter der Provence* eingesetzt.

Passendes Rezept
Seite 98

Capsicum annuum et al
Spanischer Pfeffer, Pfefferoni, Cayenne-Pfeffer

Beschreibung

Die Chili stammt aus der Familie des Paprika und ist vor allem wegen ihrer Früchte bekannt, die heute in nahezu jeder lokalen Küche als Gemüse und Gewürz verwendet werden. Eine der dabei am häufigsten verwendeten Sorten ist Jalapeño, ausschließlich unreif und grün verarbeitet, bevorzugt für Salsas oder – in Ringe geschnitten – in eingelegter Form. Auch werden Jalapeños gerne durch Räuchern haltbar gemacht, man nennt diese getrockneten Früchte mit dem speckig-selchigen Rauchgeschmack Chipotles – 100 Prozent natürliches Fleischaroma ohne tierischen Ursprung. Auch sehr beliebt, aber deutlich schärfer, sind die rot-orangen Habaneros. Oft falsch bezeichnet wird Cayenne-Pfeffer, das Pulver getrockneter Cayenne-Chilis, die mit Pfeffer außer dem Namen nichts am Hut haben.

Aromatik

Unter Kennern gilt Chili als eine der Gewürzpflanzen mit dem größten Aromenspektrum. Das mag verwundern, wird doch die Schote meist auf Schärfe reduziert – verursacht durch ein Öl namens *Capsaicin*. Dieses bildet sich in hoher Konzentration vor allem in der Plazenta und in den rundum liegenden Fruchtteilen, Samen und Samenscheidewänden. Ebenso wichtig wie die Schärfe ist das duftende Paprikaaroma im Fruchtfleisch, das sich vor allem bei getrockneten und gemahlenen Chilis wunderbar entfaltet. Je nach Sorte, Herkunft und Reife verzaubern Aromen nach Mango, Banane, Kiwi oder Kakao und Kaffee.

Anwendung

Der Kreativität beim Einsatz von Chilis sind keine Grenze gesetzt: Neben der pikanten Schärfe überrascht die Schote vor allem mit dem vielfältigen Geschmack – von fruchtig über zitruslastig bis zu süßlich oder schokoladig. Damit passt sie zu Pikantem und zu Würzigem wie zu süßen Desserts und sogar in Getränke. Außerdem enthalten Chilis die Paprikafarbstoffe *Carotinoide*, die sich in den bekannten Farben Rot, Orange, Gelb oder Grün zeigen und als ideale Farbgeber in Soßen und Eintöpfen dienen.

CURRYKRAUT

Helichrysum italicum
Currystrauch, Italienische Strohblume

Passendes Rezept
Seite 158

Beschreibung

Das mediterrane Currykraut aus der Familie der Korbblütler kennt man in Mittel- und Nordeuropa noch nicht allzu lange, es ist jedoch mit vielen lokalen Kräutern verwandt, etwa der Ringelblume, dem Löwenzahn, dem Estragon oder der Kamille. Man erhält das Kraut sowohl in getrockneter Form wie auch als frische Topfpflanze im Kräuterfachhandel, es wächst als immergrüner Halbstrauch recht buschig und verströmt das starke Curryaroma im ganzen Zimmer.

Aromatik

Currykraut duftet intensiv-bitter und süßlich-aromatisch und erinnert an mediterrane Kräuter wie Salbei und Rosmarin, vor allem aber an Curry-Würzmischungen. Abgesehen vom Namen hat das Kraut mit dieser aus Koriander, Kardamom, Kreuzkümmel, Pfeffer, Muskatnuss und anderen Gewürzen bestehenden Mischung jedoch nichts zu tun. Dafür lässt sich aus frischem oder auch aus getrocknetem Currykraut in Kombination mit Salbei und Thymian eine kreative, feinwürzig-mediterrane Gewürzmischung herstellen.

Anwendung

Generell sollte man Currykraut nicht mit der erwähnten Gewürzmischung Curry verwechseln – trotz des ähnlichen Aromas weichen nämlich die Einsatzzwecke voneinander ab, es passt einfach nicht zu allen indischen und asiatischen Gerichten. Nichtsdestotrotz rundet Currykraut viele Reisspeisen wie Paella, Gerichte mit Nudeln und Gemüse oder auch Suppen delikat ab. Grundsätzlich verwendet man dazu die frischen Zweige im Ganzen, oder aber man hackt die gezupften Blätter fein wie Rosmarin und fügt sie so einer Speise hinzu. Verwendet man die ganzen Zweige, genügt es, diese kurz mitzukochen und vor dem Servieren wieder zu entfernen, andernfalls riskiert man Magenbeschwerden.

Passendes Rezept
Seite 184

Anethum graveolens
Dillkraut, Blähkraut, Gurkenkümmel

Beschreibung

Der Dill gehört zur Familie der Doldenblütler und ist mit Kräutern wie Kerbel, Schafgarbe und Petersilie verwandt. Das Kraut stammt vermutlich aus Südostasien, von wo es vor mehr als 5.000 Jahren nach Süd- und Westeuropa gebracht und dort als Heil- und Gewürzpflanze verwendet wurde. Nach Mittel- und Nordeuropa kam der Dill vermutlich durch Mönche, die sie in ihren Klostergärten anpflanzten. Dill erhält man für den Hausgebrauch als Kräutertopf, als frischen Kräuterbund, Samen, als Tiefkühlprodukt oder in getrockneter Form. Da Aroma und Geschmack sowohl beim Einfrieren als auch beim Trocknen weitgehend erhalten bleiben, eignen sich diese Aggregatzustände ebenfalls wunderbar für den Einsatz in der Küche.

Aromatik

Der Geruch des Dills ist unverwechselbar, ihr Geschmack markant krautig, süßlich-würzig und eigentümlich, im Ansatz an Kümmel und Anis erinnernd, wie auch an der Bezeichnung Gurkenkümmel abzulesen ist. Dill ist ein beliebter Aromengeber beim Einwecken von Gurken, den Dillgurken, die man mit Salz, Knoblauch und etwas Öl ansetzt. Daher auch sein Synonym Gurkenkraut – nicht zu verwechseln mit *Borretsch*, der ebenfalls unter dem Begriff Gurkenkraut zu finden ist.

Anwendung

Dill ist heutzutage quer durch die Küchen vieler Länder im Einsatz. Er eignet sich bestens zur Verfeinerung von Salaten, Suppen und Soßen. Zur Konservierung von Gemüse, zur Herstellung von Kräuteressigen oder als Dekorationskraut ist er gleichfalls beliebt. Da der Dill beim Mitkochen leicht an Würzkraft verliert, fügt man ihn dem Gericht am besten erst unmittelbar vor dem Servieren hinzu. Und Dill ist gesund, bereits im Mittelalter wurde er als *Blähkraut* wegen der verdauungsanregenden, blähungstreibenden und krampflösenden Eigenschaften im Magen-Darm-Bereich geschätzt.

GALGANT

Alpinia galanga et officinarum

Passendes Rezept
Seite 128

Beschreibung

Wie seine Verwandten Ingwer und Kurkuma gehört der Galgant zur Familie der Ingwergewächse, auch er bildet ein gelb-bräunliches, holziges Rhizom (Erdspross). Die Botanik unterscheidet zwei Arten von Galgant, wobei beide Arten als Gewürzpflanze verwendet werden: Echter Galgant (Alpinia officinarum), auch Galgantwurzel oder Siam-Galgant genannt. Er stammt zum Großteil aus der südchinesischen Provinz Hainan. Und Großer Galgant (Alpinia galanga), auch Thai-Ingwer oder Blue Ginger genannt. Er stammt aus Indien, Myanmar, Thailand, Malaysien, Indonesien und Vietnam.

Aromatik

Galgant hat ein einzigartig erdiges, würzig-harziges Aroma mit einer ausgewogenen Schärfe und kann gut als Pfeffer- oder Chiliersatz eingesetzt werden. Frisch geschnitten riecht er süßlich-apfelig mit kampferähnlichen Aromen, am Gaumen zeigt er sich saftig, jedoch mit holzigem und fasrigem Frucht-fleisch. Getrocknet als Pulver riecht er holzig-bitter und aromatisch-herb, die schwach brennende Note erinnert an Ingwer. Am Gaumen erinnert getrockneter Galgant an ein süß-herbes Zimtpulver, jedoch mit deutlich mehr an Schärfe.

Anwendung

Aufgrund der botanischen Nähe zu Ingwer wird Galgant oft durch diesen ersetzt, womit man dem Galgant unrecht tut. Aufgrund seiner einzigartigen Aromatik sollte man in Rezepten unbedingt das Original einsetzen. So etwa in der thailändischen Kokossuppe Tom Kha Gai, heißt die Zutat Kha doch genau Galgant. Er ist ein Geschmacksträger und – da er oft in dick geschnittenen Scheiben als Zutat eingesetzt wird, wodurch er hart und unkaubar ist – nicht immer für den Verzehr geeignet. Schneidet man ihn jedoch fein, ist er hervorragend zum Essen zu verwenden. Galgant wird frisch, getrocknet oder als Gewürzpaste genutzt. Frischer Galgant kann geschält, gehackt oder eben in Scheiben geschnitten werden. Getrockneter Galgant sollte gut verschlossen und dunkel aufbewahrt werden, dann kann man ihn bis zu einem Jahr lagern.

GEWÜRZNELKE

Passendes Rezept
Seite 160

Syzygium aromaticum

Beschreibung

Die Gewürznelken sind stark duftende, zart-brennende, zuweilen auch scharf schmeckende, getrocknete Blütenknospen des ursprünglich auf den indonesischen Molukken (Gewürzinseln, woher auch die Muskatnuss stammt) beheimateten Gewürznelkenbaums, eine Pflanzenart der Myrtengewächse. Die Bezeichnung Nelke stammt von der an Nägel erinnernden Form der Knospen, vom mittelniederdeutschen Negelken für Nägelchen. Vereinzelt ist im deutschen Sprachraum auch heute noch die Bezeichnung Nägeli geläufig.

Aromatik

Die kleinen, braunen Köpfchen schmecken intensiv süß, warm, rund und leicht pfeffrig, der Stängel selbst wirkt dagegen fast ein wenig bitter. Besonders fein wird das Aroma bei im Mörser zu Pulver gemahlenen Nelken, die dann geschmacklich stark in die zimtige Richtung gehen. In dieser Form findet man sie gerne in exotisch duftenden Curry- und Gewürzmischungen. Zerbeißt man Nelken, entsteht ein scharf brennender Geschmack, der ein leichtes Taubheitsgefühl hinterlässt. Dafür ist das Nelkenöl *Eugenol* verantwortlich, das keimtötend, schmerzstillend und betäubend wirkt. Das Kauen von Nelken wird oft auch als altes Hausmittel gegen Zahnschmerzen empfohlen.

Anwendung

Aufgrund der fulminanten Würzkraft braucht man selbst für ein intensives Aroma meist nur wenige Nägelchen. Klassisch ist ihr Einsatz in Getränken, vom Glühwein bis zum indischen Chai-Tee, sowie als typisches Lebkuchengewürz in der Weihnachtsbäckerei. Da sie aber auch schwer Verdauliches bekömmlicher macht und den Stoffwechsel anregt, wird die Gewürznelke gerne bei deftigem Essen wie Rot- und Sauerkraut oder in kräftigen Soßen und Marinaden eingesetzt. Dabei die Nelken vor dem Genuss am besten wieder aus der Speise entfernen, das Zerbeißen einer Gewürznelke wird eher als unangenehm empfunden. Wer es in der Küche praktisch bevorzugt, füllt die Nelken in ein Gewürzsäckchen oder in ein Tee-Ei, das man mitkocht und im Anschluss wieder entfernt.

INGWER

Zingiber officinale

Passendes Rezept
Seite 142

Beschreibung

Ingwer ist eine krautige Pflanze aus der Familie der Ingwergewächse. Kulinarisch verwendet wird das verzweigte Rhizom, ein gelblicher Erdspross, der fälschlicherweise auch als Wurzel bezeichnet wird, jedoch nicht die typischen Merkmale eines Wurzelsystems aufweist. Andere bekannte Beispiele essbarer Rhizome sind Galgant und Kurkuma. Als Gewürz wird Ingwer vor allem in Asien schon seit Jahrhunderten verwendet; bis zur Einführung der südamerikanischen Chilis nach ihrer Entdeckung durch Kolumbus war Ingwer neben Pfeffer das einzige verfügbare scharfe Gewürz Asiens und zählt zu den wichtigsten Bestandteilen indischer Gewürzzubereitungen (Masalas).

Aromatik

So wenig Aromatik der Ingwer im ungeschälten Zustand unter seiner silbrigen Schale vermuten lässt, so viel bietet er frisch aufgeschnitten: In der Nase zitronig mit Eukalyptusnoten, am Gaumen betont aromatisch, apfelig, brennend – scharf und würzig. Dazu trägt vor allem das *Gingerol* bei, eine scharf-aromatische Substanz. Gingerol verhält sich ähnlich wie das Capsaicin der Chili, es ist nicht flüchtig und reizt direkt auf der Zunge und am Gaumen, was als scharf oder heiß wahrgenommen wird.

Anwendung

Der zitrusartige, brennende Geschmack von Ingwer ist vielseitig anwendbar, vor allem in der chinesischen, karibischen und indischen Küche ist er unverzichtbar. Auch in Currys ist er als fein-scharfes Gewürz fixer Bestandteil. Ingwer wird bevorzugt frisch verwendet, gut gewaschen auch ungeschält mit der sehr gesunden Schale. Dabei schneidet man ihn in dünne Scheiben oder in kleine Würfel – alternativ dazu empfiehlt sich auch der Einsatz von geriebenem Ingwer. Für praktisch orientierte Nutzer gibt es Ingwer auch getrocknet als Chips oder in Stückchen und natürlich als Pulver zu kaufen. Ob frisch oder getrocknet, Ingwer passt wunderbar in Kekse und Kuchen, in Chutneys und Soßen oder in Suppen und Gemüsegerichte. Sehr delikat ist Ingwer außerdem in kandierter Form oder als Sirup.

KAFFIRLIMETTENBLATT

Passendes Rezept
Seite 148

Citrus hystrix
Kaffirzitronenblatt, Mauritius-Papeda, Makrutblatt

Beschreibung

Die Kaffirlimette gehört zur Gattung der Zitruspflanzen und ist ein kleinwüchsiger Strauch, dessen Äste mit Dornen besetzt sind. Die Kaffirlimette selbst ist eine zitronenförmige Frucht, die jedoch anders als echte Limetten recht saftarm ist und nur lokal als Gewürz verwendet wird. Kulinarisch bedeutend sind die dunkelgrün glänzenden Blätter, die wie die gesamte Pflanze einen intensiven, zitrusartigen Duft verbreiten. Sie sind in asiatischen Ländern wie Thailand, Indonesien, Kambodscha oder Laos so verbreitet und beliebt wie hierzulande die Petersilie.

Aromatik

Frische Kaffirlimettenblätter sind hocharomatisch, cremig-leicht und schmecken intensiv nach Zitrusfrüchten, hinterlegt mit einer feinen Bitternote. Je nachdem, ob man ein junges, zartes oder ein älteres Blatt vor sich hat, gesellt sich bei Letzterem ein gewisser Bitterton dazu, den man durch das Entfernen der Mittelrippe und der Stängel vermeiden kann. Aufgrund der enthaltenen ätherischen Öle *Citronellal* und *Limonen* gilt die Kaffirlimette als sehr gesund, zudem wird der Zitronenduft als sehr angenehm und entspannend empfunden.

Anwendung

Frische Kaffirlimettenblätter werden vor ihrem Einsatz gewaschen, trocken getupft und dann, je nach Rezept, im Ganzen, in dünnen Streifen oder fein gehackt verwendet. In geschnittenem Zustand lässt man sie meist im Gericht, sodass sie auch verzehrt werden können. Die Verwendung im Ganzen ist mit dem Lorbeerblatt zu vergleichen – eine Zeit lang in soßigen oder suppenartigen Speisen mitkochen und vor dem Genuss wieder entfernen, so geben sie ihr pikant-zitronenartiges Aroma perfekt an das Essen ab. Das Blattgewürz ist damit nicht nur in thailändischen Suppen wie *Tom Yam* und *Tom Kha* in der jeweils veganen Zubereitung unverzichtbar, sondern passt perfekt zu Currys, Reisgerichten, Salaten oder Gemüseragouts.

KARDAMOM

Elettaria cardamomum et Amomum subulatum

Passendes Rezept
Seite 174

Beschreibung

Kardamom gehört neben Vanille und Safran heute zu den wertvollsten Gewürzen der Welt. Man unterscheidet ihn in zwei Pflanzengattungen, den Grünen Kardamom (Elettaria cardamomum) und den Schwarzen Kardamom (Amomum subulatum). Während Letzterer aus den Gebirgen des Himalaja und aus China stammt, hat der Grüne Kardamom seine Wurzeln in Südindien – Indien ist zudem das wichtigste Produktionsland für Grünen Kardamom. Kardamom gehört zu den Ingwergewächsen, auch er bildet ein bewurzeltes Rhizom (Erdspross), das jedoch nicht verwendet wird. Kulinarisch von Bedeutung sind die getrockneten Kapselfrüchte sowie die herausgelösten Samen. Guter Kardamom zeichnet sich durch seine lebhaft grüne Farbe der Kapselfrucht und die ölig-schwarze Farbe der Samenkörner aus. Auch Schwarzer Kardamom ist ein Ingwergewächs, dem Grünen Kardamom optisch ähnlich, kann ihm geschmacklich aber nicht das Wasser reichen. Er hat ein herbes, erdiges Aroma, oft mit einer starken Rauchnote, und erinnert an Nadelhölzer und Kampfer.

Aromatik

Aufgrund seines ätherischen Öls ist Grüner Kardamom einzigartig würzig und im Aroma süßlich-scharf. Auch wenn er an Kampfer und Bitterorange, manchmal auch an Eukalyptus erinnert, ist er aufgrund der zitrusartigen, harzigen Geschmackskombination mit keinem anderen Gewürz vergleichbar.

Anwendung

Die Kombination aus süßen und scharfen Geschmackskomponenten macht den Grünen Kardamom zum perfekten Gewürz süßer und pikanter Speisen. Während er in Mitteleuropa eher mit Christstollen, Spekulatius und weihnachtlichem Lebkuchen assoziiert wird, ist er in Asien, vor allem in Indien, Bestandteil vieler Würzmischungen wie Garam Masala und Currypulver und aus vielen Landesküchen nicht wegzudenken. Zu Reis, Gemüse und Obst – Kardamom passt sich hervorragend an. Selbst bei der Zubereitung von arabischem Mokka wird dem Kaffeemehl Kardamom zugegeben, auch im beliebten Gewürztee Masala Chai findet man ihn.

KNOBLAUCH

Passendes Rezept
Seite 168

Allium sativum
Kulturknoblauch, Knobi, Knofel

Beschreibung

Der Knoblauch stammt aus der großen Gattung Lauch (Allium), wie auch seine aromatischen Verwandten Schnittlauch, Bärlauch oder die Gemeine Zwiebel. Einer der wichtigsten Inhaltsstoffe des Knoblauchs ist das geruchlose Enzym Alliin, das bei Verletzung des pflanzlichen Gewebes durch Zerschneiden, Quetschen oder Pressen eine Kette chemischer Reaktionen in Gang setzt, bei der Allicin entsteht, das für den typischen schwefeligen Geruch des Knoblauchs verantwortlich ist und an Nadelhölzer und Kampfer erinnert.

Aromatik

Im Geruch betont erdig-schwefelig mit oft stechender Note, im Geschmack schwach brennend mit leicht süßlichem Nachhall. Wer nach dem Genuss von Knoblauch den im Atem wahrnehmbaren Geruch als unangenehm empfindet, dem seien diverse Hausmittel wie Petersilie, Ingwer oder das Kauen von Kaffeebohnen empfohlen. Damit lässt sich das schwefelige Allicin zumindest teilweise neutralisieren, die Geruchsstoffe werden aber auch über die Haut abgegeben.

Anwendung

Knoblauch ist in beinah allen Teilen der Welt als Gewürz oder Gemüse verbreitet. Vor allem in der Mittelmeerküche und in zahlreichen asiatischen Gerichten ist er unverzichtbar, aber auch heimische Speisen kann man mit Knoblauch enorm aufwerten. Er passt optimal zu Salaten, Soßen, Gemüsegerichten und in Aufläufe. Die beste Aromaentfaltung verspricht Knoblauch, wenn man ihn – geschält oder ungeschält – mit der Breitseite eines Küchenmessers anquetscht. Eine so vorbereitete Knoblauchzehe schwenkt man dann für einige Minuten in etwas Öl in einer Pfanne. Sie muss nicht viel Farbe annehmen, gibt aber auf diese Weise ihr Aroma optimal an das Öl ab. Nachdem man die angebratene Knoblauchzehe wieder entfernt hat, kann man mit dem aromatisierten Öl weiterarbeiten und es seiner Verwendung zuführen. Zu starke Hitze sollte dem Knoblauch jedoch nicht zugemutet werden, da er sonst verbrennt und bitter schmeckt. Zudem verliert er an Schärfe, je länger der Kochvorgang dauert.

KORIANDER

Coriandrum sativum
Wanzenkraut, Asiatische Petersilie, Chinesische Petersilie

Passendes Rezept
Seite 132

Beschreibung

Was dem Mitteleuropäer die Petersilie, ist dem Asiaten und Lateinamerikaner der Koriander. Beide Pflanzen gehören zur Familie der Doldengewächse, anders als bei der Petersilie werden vom Koriander aber nicht nur die Blätter, sondern auch die Samen zum Würzen genutzt. Den oberirdischen Teilen des Korianders sagt man einen wanzenartigen Geruch nach – sein Name leitet sich vom griechischen Wort für Wanze (koris) ab, womit die Bezeichnung Wanzenkraut nachvollziehbar wird. Dieser Geruch verliert sich allerdings, sobald im Sommer die Samenreife eintritt. Die jungen Blätter sind rundlich, breit, dreigeteilt eingeschnitten und erinnern an Petersilie, die älteren Blätter sind doppelt gefiedert und fein zerteilt, ähnlich dem Dill.

Aromatik

Korianderblätter und -samen haben wenige aromatische Gemeinsamkeiten. Während das Kraut kräftig, scharf-bitter, moschusartig und salbeiähnlich riecht und schmeckt, sind die Samen angenehm mild-würzig, süßlich-blumig und zitrusähnlich. Auch in ihren Einsatzzwecken sind die beiden kaum austauschbar.

Anwendung

Korianderblätter sind hitzeempfindlich und werden gekochten Speisen wie Soßen oder Gemüse erst gegen Ende hinzugefügt, um keinen Aromaverlust zu riskieren. Die Samen wiederum sind eine wichtige Zutat von Gewürzmischungen wie Currypulver oder Lebkuchengewürz und verfeinern Gerichte mit Bohnen und Linsen. Sie enthalten viel ätherisches Öl, vor allem *Linalool* und *Geraniol*, das für den angenehmen Geruch der Samen sorgt und erst nach der Trocknung voll zur Geltung kommt. Dieses ätherische Öl ist appetitanregend und verdauungsfördernd, ideal auch in Kombination mit Kümmel, Fenchel und Anis. Zudem ist es optimal, Koriandersamen erst kurz vor ihrer Verwendung anzurösten und im Anschluss frisch zu mahlen – so passen sie wunderbar in Brotteige und Kleingebäck, zu Kohlgerichten, Hülsenfrüchten und Kürbis, gerne auch in Kombination mit Kreuzkümmel.

KREUZKÜMMEL

Passendes Rezept
Seite 124

Cuminum cyminum
Cumin, Mutterkümmel, Weißer Kümmel

Beschreibung

Der Kreuzkümmel ist eine alte asiatische Pflanze aus der Familie der Doldenblütler, die Bezeichnung leitet sich von der gekreuzten Blattstellung und vom kümmelähnlichen Aussehen der getrockneten Früchte ab. Der Kreuzkümmel ist trotz der ähnlichen Bezeichnung nicht mit dem Wiesenkümmel verwandt und wächst im Gegensatz zum kühleliebenderen Kümmel nur in warmen Ländern wie Indien, Iran, Indonesien, China, dem südlichen Mittelmeergebiet und vor allem in der Türkei, wo sich die weltweit größten Anbaugebiete befinden.

Aromatik

Das Aroma von Kreuzkümmel frisch, durchdringend und bitter-scharf, aber auch leicht süß und erdig. Er ist weniger dominant als der herb-würzige europäische Wiesenkümmel und lässt sich dadurch geschmacklich besser mit anderen Gewürzen vermischen. Der unverwechselbare Geschmack wird vom im ätherischen Öl enthaltenen *Cuminaldehyd* verursacht, das auch angenehm riechender Bestandteil in Eukalyptus, Myrrhe oder Zimt ist.

Anwendung

Als eines der zehn ayurvedischen *Königsgewürze* ist Kreuzkümmel ein essenzieller Bestandteil von indischen Curry-Würzmischungen, aber auch in der orientalischen und mexikanischen Küche wird das intensive Gewürz sehr gerne eingesetzt. Eine der weltweit bekanntesten indischen Gewürzmischungen, *Garam Masala*, baut auf Kreuzkümmel auf. Ergänzt mit Koriandersamen, Pfeffer und süßen Gewürzen wie Zimt, Kardamom, Gewürznelken und indischen Lorbeerblättern kombiniert die Mischung persische und indische Geschmacksvorlieben und ist unentbehrlich für die feine Küche Nordindiens. Echtes Garam Masala ist nahezu chilifrei und daher mild, aber es gibt natürlich regionale, schärfere Ausnahmen, das *Tandoori Masala*, das auf Chili und Ingwer aufbaut. Masala versteht sich als Pfeffer und Salz der indischen Küche und sollte daher eher sparsam als Komponente für den Grundgeschmack verwendet werden.

Kubebenpfeffer

Piper cubeba
Schwanzpfeffer, Stiefpfeffer, Schwindelkörner

Passendes Rezept
Seite 116

Beschreibung

Kubebenpfeffer stammt aus der Familie der Pfeffergewächse Piperaceae und ist auf den südostasiatischen Inseln der Republik Indonesien beheimatet, vor allem auf Java. Das Gewürz war noch im Mittelalter in vielen europäischen Rezepten zu Hause, verschwand jedoch mit der Verbreitung des Schwarzen Pfeffers (Piper nigrum) völlig aus den heimischen Küchen. Erst seit wenigen Jahren erlebt er seine Renaissance als tolle Alternative zu Schwarzem Pfeffer. Ähnlich zu diesem ist auch der Kubebenpfeffer eine Kletterpflanze mit ährigen Blütenständen, aus denen sich die kleinen Pfefferbeeren entwickeln. Typisch ist das stielartige Stängelschwänzchen, weshalb man ihn auch als Stielpfeffer bezeichnet. Die Beeren werden noch grün geerntet und an der Sonne schwarzbraun getrocknet. Kubeben sind bekannt für ihren hohen Anteil ätherischer Öle wie dem würzig-holzigen Nerolidol, dem zitronig-frischen Sabinen oder dem süßlich-fruchtigen Myrcen und dem nur sehr geringen Gehalt an Piperin, das für die Schärfe verantwortlich ist.

Aromatik

Er überzeugt durch sein holzig-frisches, an Eukalyptus und Minze erinnerndes Aroma und den dezent scharfen, mentholigen, zitronigen Geschmack, der sich beim Kochprozess in Richtung des nelkenartigen Piments ändert.

Anwendung

Vor allem in der indonesischen Küche fehlt Kubebenpfeffer nie, bevorzugt in Reis- und Gemüsegerichten. Er verfeinert dunkle Soßen und unterstützt mit seinem kräftig-harzigen Geschmack – dabei beim Mahlen die Körnung etwas gröber belassen, um das ätherische Öl in den Zellwänden zu behalten. Aufgrund seiner zitronig-minzigen Frische passt Kubebenpfeffer perfekt in Desserts wie Fruchteis oder Sorbets. Einen wahren Aromahöhenflug erleben Schokoladengerichte mit höherem Kakaoanteil, wo das Gewürz den dunklen Schokoröstaromen perfekte Frische und zarte Schärfe verleiht. Dazu den Pfeffer vor dem Mörsern kurz anrösten, um die harzig-stechenden Kampfernoten zu verflüchtigen.

Passendes Rezept
Seite 130

Carum carvi
Echter Kümmel, Wiesenkümmel

Beschreibung

Trotz der ähnlichen Bezeichnung ist Wiesenkümmel nicht mit dem Kreuzkümmel verwandt. Die Pflanzen gehören unterschiedlichen Gattungen an und unterscheiden sich stark im Geschmack. Gemein ist beiden jedoch, dass sie zu den ältesten Gewürzen der Welt zählen und aus der großen Familie der Doldenblütler stammen. Der Wiesenkümmel wird als Kultursorte vor allem in Europa seit Jahrhunderten feldmäßig angebaut und findet sich dadurch gerne auch in verwilderter Form an Wegrändern und auf Wiesen, selbst in alpinen Höhenlagen.

Aromatik

Im Geruch frisch-ätherisch, betont zitronig-nussig mit dumpfer Pfeffernote, im Geschmack holzig-nussig mit kräftigem Zitrusaroma. Die ruhige, ausgewogene Schärfe unterstützt den schönen, langen Aromabogen. Für diese betonte Aromatik sind vor allem die ätherischen Öle der Kümmelsamen verantwortlich, die wichtigen Geschmacksträger dabei sind *Carvon* (verantwortlich für den scharfen Geschmack) und *Limonen* (verantwortlich für den frischen, minzig-zitronigen Geschmack).

Anwendung

Kümmel wird, bedingt durch seine Herkunft, vorrangig in der europäischen Küche eingesetzt. Er aromatisiert mit seiner bitter-herben, an Petersilie und Anis erinnernden Note vor allem deftige Speisen optimal. Herzhafte Speisen mit schweren Gemüsesorten wie Kohl oder Kraut erleben durch ihn eine besondere geschmackliche Aufwertung. Suppen und Soßen verleiht er ein delikates Aroma und in Spirituosen wie dem skandinavischen *Aquavit* darf er keinesfalls fehlen. Im Optimalfall wird er bei der Speisenzubereitung früh mitgegart – so verteilt sich seine typische Note in vollem Umfang. Kümmel ist das klassische Gewürz in schwer verdaulichen Gerichten oder als Beigabe in dunklen Brotsorten, er regt die Verdauung an und hat beachtlich entblähende und krampflösende Wirkungen. Gerne verwendet man die Kümmelsamen auch als Tee in Kombination mit Fenchel, Anis oder Koriander.

KURKUMA

Curcuma longa
Gelber Ingwer, Gelbwurzel, Safranwurzel

Passendes Rezept
Seite 172

Beschreibung

Kurkuma stammt aus der Familie der Ingwergewächse, das kulinarisch verwendete Rhizom (Erdspross) ähnelt stark dem Ingwer, ist jedoch deutlich gelb eingefärbt. In seiner Heimat Indien ist die Verwendung von Kurkuma als Gewürz seit Jahrtausenden belegt, bis heute gilt Indien als das weltweit größte Anbauland und verbraucht selbst rund 80 Prozent der Welternte. Während in Indien meistens Kurkumapulver verwendet wird, ist in der südostasiatischen, thailändischen Küche die Verwendung des frisch geriebenen Rhizoms gebräuchlich. Kurkuma zählt mit Koriander und Kreuzkümmel zu den „3 Ks" der Curry-Gewürzmischungen, das Pulver ist der traditionell gelbe Teil aller Currys.

Aromatik

Frisch gegessen hat Kurkuma einen harzigen, leicht brennenden, zitronigen Geschmack, in der Beschaffenheit ähnlich der Karotte, der Pastinake oder dem Ingwer. Getrocknet mutet sie hingegen mild-würzig, blumig-floral mit betörender Orange und ruhiger Exotik an. Die Schärfe baut sich kräftig auf, ist angenehm brennend und zitronig mit fülliger Muskatnuss, im Finale lang und würzig.

Anwendung

Abgesehen davon, dass Kurkuma in der Küche sehr gerne aufgrund ihrer typischen orangen Farbe eingesetzt wird, darf sie in keinem Currygericht fehlen. Vor allem in der Kulinarik Indiens und anderer asiatischer Länder sowie in der Ayurveda-Küche wird Kurkuma als reinigendes und energetisierendes Gewürz verwendet. Ihr an Ingwer erinnernder, würziger Geschmack verleiht neben Currys auch Linsen- und Bohnengerichten eine spezielle Note. Darüber hinaus veredelt sie Gemüseaufläufe, italienische Nudelgerichte, marokkanische Speisen und macht in Smoothies und ayurvedischen Heilgetränken sprichwörtlich eine gute Figur, etwa in der *Goldenen Milch* – heiße Mandelmilch, verrührt mit Kurkumapaste. Da die gesunden Inhaltsstoffe von Kurkuma nicht wasserlöslich sind, sollte man das Gewürz bevorzugt mit fetthaltigen Flüssigkeiten wie Milch oder Öl zu sich nehmen.

LANGER PFEFFER

Passendes Rezept
Seite 108

Piper longum
Stangenpfeffer, Langschotenpfeffer

Beschreibung

Der Lange Pfeffer stammt aus der Familie der Pfeffergewächse Piperaceae und gilt aufgrund seines indischen Namens Pippali als Namensgeber der gesamten Gattung Piper. Wie der Echte Pfeffer Piper nigrum ist auch der Lange Pfeffer eine Kletterpflanze, die ährenförmige Fruchtstände bildet, wo die winzigen Pfefferbeeren im Gegensatz zum Echten Pfeffer zu einer grau-schwarzen Stange (Kätzchen) zusammenwachsen, die in verschiedenen Reifestadien geerntet und zu Langem Pfeffer getrocknet werden. Traditionellen ayurvedischen Schriften zufolge hat der Lange Pfeffer Vorteile gegenüber Schwarzem Pfeffer, da er die Verdauung anregt, den Körper reinigt und somit verjüngend wirken soll, zudem nervenstimulierend, herzstärkend und krampflösend. Zusammen mit Schwarzem Pfeffer und getrocknetem Ingwer bildet der Lange Pfeffer die Basis für die Gewürzmischung Trikatu, hervorragend geeignet zur Unterstützung der Verdauungssäfte und für den Aufschluss von Nahrung, weshalb die Mischung besonders gut zu schweren Speisen passt.

Aromatik

Langer Pfeffer ist etwas schärfer als Schwarzer Pfeffer, seine süßlich-erdige und wärmende, dumpfe Aromatik übertrifft diesen geschmacklich aber deutlich.

Anwendung

Zu Unrecht spielt der Lange Pfeffer in der Kulinarik nur eine untergeordnete Rolle, zumal ihm die Chili im Segment der scharfen Gewürze starke Konkurrenz bereitet. In der Küche wird er jedenfalls als vollwertiger Ersatz für Schwarzen Pfeffer eingesetzt und passt ideal zu pikanten wie auch süßen Gerichten, von exotischen Früchten über cremige Dressings bis hin zu Gemüse, perfekt auch in feinen Currys. Da Langer Pfeffer deutlich mehr kostet als Schwarzer Pfeffer, empfiehlt es sich, die Stangen erst unmittelbar vor der Anwendung in kleine Stücke zu schneiden und diese mit dem Mörser oder in der Gewürzmühle frisch zu mahlen. Ganze Stangen mitzukochen zahlt sich aufgrund des Preises und der betonten Schärfe nicht aus.

LAVENDEL

Lavandula angustifolia
Echter Lavendel, Berglavendel, Schmalblättriger Lavendel

Passendes Rezept
Seite 166

Beschreibung

Echter Lavendel aus der Familie der Lippenblütler ist ein aromatisch duftender Strauch mit blauviolett gefärbten, flaumigen Blütenrispen. Heimat des Lavendels sind die Küstenregionen des Mittelmeers, allen voran die Lavendelfelder der französischen Provence. Dabei ist zu beachten, dass in der heutigen Lavendelindustrie zunehmend Lavandin verwendet wird, ein natürlicher Klon aus Echtem Lavendel und Speiklavendel (Lavandula latifolia). Lavandin ist frostresistenter und trägt deutlich mehr Blütenrispen. Auch duftet er stärker als Echter Lavendel, der Geruch ist jedoch hart, chemisch, kampferartig und nicht geeignet für Gewürzmittel. Lavandin dient meist als Basis industrieller Essenzen, Waschpulver und Öle.

Aromatik

Lavendel duftet nach frisch gepflückten Wiesenblumen, intensiv-würzig, zartbitter bis herb, oft auch parfümiert-aromatisch. Lavendel ist seit der Antike als Duftzusatz in Seifen und Badeessenzen bekannt, was sich auch am Namen ablesen lässt: Lavendel kommt vom lateinischen Wort *lavandula*, vom Verb *lavare* abgeleitet, das *waschen* bedeutet. Es waren wie so oft die alten Römer, die Lavendel nutzten, um ihre Bäder zu parfümieren und schlechte Düfte zu vertreiben.

Anwendung

Spannend schmeckt Lavendel als getrocknetes Kraut in mediterranen Würzmischungen, so enthält der Gewürzklassiker *Herbes de Provence* neben Bohnenkraut, Rosmarin und Thymian meist auch duftige Lavendelblüten. Lavendel passt auch perfekt in Eintöpfe, in Soßen und Suppen, in kleineren Mengen auch auf Salate. Ebenso lassen sich die Blüten zum Verfeinern von Desserts einsetzen, in Schokomousse, im Fruchtsorbet oder in Marmeladen schmecken sie besonders lecker. Anstelle der Blüten kann man übrigens auch Lavendelöl nehmen, wobei dieses aufgrund der Intensität sehr sparsam eingesetzt werden sollte.

Passendes Rezept
Seite 176

Cymbopogon citratus
Zitronengras

Beschreibung

Die immergrüne, ausdauernde, krautige Pflanze gehört zur Familie der Süßgräser. In der Küche finden die robusten, schilfartigen Pflanzenhalme als Gewürz Einsatz, die durch die ätherischen Öle Citral und Myrcen ihre exotische, zitrusartige Aromatik verleihen. Auch wenn über die ursprüngliche Heimat von Lemongrass nicht völlige Übereinstimmung besteht, so erscheint seine Herkunft im südlichen Indien oder Sri Lanka glaubhaft.

Aromatik

Lemongrass ist würzig, duftet und schmeckt blumig-frisch und bringt einen Hauch von frisch geriebener Zitronenschale mit sich. In asiatischen Ländern klopft man die harten Halme vor ihrem Einsatz weich, um die Entfaltung des enthaltenen ätherischen Öls zu unterstützen und so eine Intensivierung der Aromen in Speisen und Getränken zu erreichen.

Anwendung

Während Lemongrass in Europa an Beliebtheit zunimmt, ist es in der südostasiatischen Küche schon lange eine unverzichtbare Zutat für Currys, Suppen, Gemüse, Salate, Gewürzmischungen und Süßspeisen, von Backwaren bis Konfekten, aber auch in Tees und nichtalkoholischen Getränken. Geschmacklich perfekte Verbindungen geht das erfrischende Gewürz mit Zutaten wie Pilzen, Kokosmilch, Grapefruit, Chili, Ingwer und Erdnüssen ein. Verwendet man frisches Zitronengras, wird dieses meist im Ganzen oder in handliche Stücke geschnitten mitgegart. Profis stoßen den unteren harten Teil des Halmes mit dem Messerrücken an, damit der Pflanzensaft austritt und die Wirkung als Geschmacksträger beginnen kann. Da Zitronengras seine harte Konsistenz behält, wird es vor dem Genuss stets wieder entfernt oder, wie in Thailand, mitserviert und anschließend bei Tisch an den Tellerrand geschoben. Entfernt man die äußeren, hölzernen Blätter und schneidet nur das innere Fruchtfleisch in besonders feine Ringe, kann das Gewürz sogar im Essen, etwa Suppen oder Wok-Gerichten, bleiben und mitgegessen werden.

LIEBSTÖCKEL

Levisticum officinale
Maggikraut

Passendes Rezept
Seite 112

Beschreibung

Die Herkunft von Liebstöckel wird im Orient vermutet, im Mittelmeerraum ist die Pflanze jedenfalls schon seit Jahrhunderten heimisch. Liebstöckel stammt aus der Familie der Doldenblütler, seine deutsche Bezeichnung entstand durch eine Wortbildung aus dem lateinischen levisticum. Liebstöckel ist eine krautige Pflanze mit intensiv grünen, großen und stark gelappten Blättern. Aus dem Blütenstand bilden sich dunkelbraune Samenfrüchte, die optisch an Korianderkörner erinnern. Als Küchengewürz werden sowohl die Triebe und Blätter wie auch die Samen und die Wurzeln verwendet.

Aromatik

Der Geschmack von Liebstöckel ist unvergleichlich würzig und kräftig-markant. Optisch erinnern die Blätter von Liebstöckel an Staudensellerie, auch im Geschmack kommt er diesem nahe, jedoch intensiver und lieblicher als Sellerie. Sein Beiname *Maggikraut* ist auf die Geschmacksähnlichkeit mit dem verbreiteten Würzmittel zurückzuführen, obwohl dieses paradoxerweise keinen Liebstöckel enthält. Die bekannte Firma soll es zu Anfangszeiten Gärtnereien sogar gerichtlich untersagt haben, diese Gewürzpflanze als Maggikraut zu bezeichnen.

Anwendung

Klassisch ist die Verwendung des Gewürzes in Suppen und Soßen, man denke an die *Frankfurter Grüne Soße*. Die Samen des Liebstöckels werden zur Aromatisierung von Brot und Gebäck verwendet, perfekte geschmackliche Ergebnisse erzielt man auch, wenn man Liebstöckel mit Knoblauch, Majoran oder Zwiebel kombiniert. Da gerade das frische Kraut eine hohe Würzkraft aufweist, ist bei seiner Dosierung Maßhalten notwendig. Glücklicherweise entfaltet das Gewürz sein Aroma beim Kochen nicht so stark, weshalb man getrost ein bis zwei Stängel frischen Liebstöckel bei der Speisenzubereitung vorsehen kann. Greift man statt zu frischem Liebstöckel zur getrockneten und gerebelten Variante, empfiehlt sich zur stärkeren Geschmacksausbeute vor Gebrauch eine feine Vermahlung im Mörser.

MAJORAN

Passendes Rezept
Seite 186

Origanum majorana
Wurstkraut, Gartenmajoran, Kuchelkraut

Beschreibung

Majoran ist ein niedrig wachsender Halbstrauch und zählt zur Gattung Dost aus der Familie der Lippenblütler. Seine Wildform stammt aus Kleinasien, er wurde bereits vor 3.000 Jahren in Ägypten angebaut. Heute wird er als Gewürz nicht nur in den Mittelmeerländern, sondern auch in Mittel- und Osteuropa angebaut. Gute Qualität setzt ein warmes, mediterranes Klima voraus, weshalb er im Gegensatz zu seinem wilden Bruder, dem Oregano, in Mitteleuropa wild wachsend kaum zu finden ist. Bereits Aphrodite, die griechische Göttin der Liebe und Schönheit, bezeichnete Majoran als ein Symbol der Glückseligkeit – so war es in Griechenland lange Zeit üblich, frisch verheirateten Paaren Majorankränze um den Hals zu legen. In Westeuropa schätzte ihn später die Volksheilkunde, nicht so sehr ob der Liebeskraft, sondern vielmehr ob der Fähigkeiten, Krämpfe zu lindern, den Magen zu stärken und Wunden zu heilen. Entscheidend für die feste Einbürgerung war jedoch die Tatsache, dass Majoran Würsten einen unvergleichlichen Geschmack verleiht – naheliegend, dass man Majoran bald Wurstkraut nannte.

Aromatik

Majoran schmeckt aromatisch-würzig, leicht süß, warm, etwas brennend, harzig und leicht bitter. Sein Gehalt an ätherischem Öl kann stark schwanken, je wärmer das Klima, desto besser die Qualität.

Anwendung

Die gute Köchin sowie der gute Koch wissen, dass Majoran nicht nur in der Wurst, sondern auch in vielen veganen Speisen wie Kartoffelsuppen, Pilzgerichten und Pilzsoßen, im Kombination mit Erbsen, Bohnen und vor allem Linsen enthalten sein muss. Denn dieses Gewürz bürgt nicht nur für die Schmackhaftigkeit, sondern auch für die Bekömmlichkeit – kein Wunder also, dass fette, kräftige, schwer zu verdauende Kost mit Majoran zusammengehört. Majoran harmoniert auch sehr gut in Kombination mit Lorbeerblättern, Schwarzem Pfeffer und Wacholder – man sollte ihn jedoch sparsam einsetzen, da ein Zuviel davon schnell bitter schmecken kann.

MEERRETTICH

Armoracia rusticana
Kren, Beißwurzel, Bauernsenf

Passendes Rezept
Seite 104

Beschreibung

Die ursprünglich aus Ost- und Südeuropa stammende Pflanze kam erst im Mittelalter mit den slawischen Völkern nach Mitteleuropa, in der römischen Küche spielte der Kren keine Rolle. Das in der deutschen Sprache für Meerrettich verwendete Wort Kren stammt vom slawischen Wort koren für Wurzel. Wie Kresse, Senf oder Radieschen ist auch der Kren ein Kreuzblütler, allen gemein ist das ätherische Senföl, das verantwortlich für den scharfen Geschmack ist.

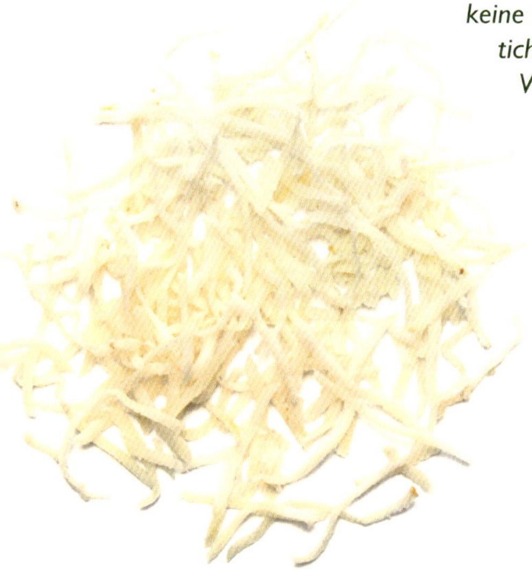

Aromatik

Da die rohe, unverarbeitete Meerrettichwurzel völlig geruchlos ist, überrascht es umso mehr, welch stechend-scharfes Aroma der Meerrettich durch Anschneiden oder Reiben freisetzt, was rasch die Tränen in die Augen treibt. Wird er gekocht oder getrocknet, verliert er sein flüchtiges Öl wieder und damit seinen intensiven Geschmack.

Anwendung

In alten Zeiten, als Pfeffer noch nicht landläufig erhältlich war, lag der Verbrauch von Kren und Senf vermutlich deutlich über den heutigen Mengen, stillten doch diese zwei Gewürze schon damals den Gusto auf Schärfe in mitteleuropäischen Gerichten. Heute ist Meerrettich die erste Wahl, wenn es um die Verfeinerung von Soßen geht. Am feinsten ist es, die frische Meerrettichwurzel zu verwenden, von der man nur jenen Teil wäscht und schält, den man auch direkt für die Speisenzubereitung benötigt. Will man das volle Potpourri der Meerrettichschärfe ausschöpfen, sollte man ihn erst am Ende des Kochvorgangs zu einer Speise hinzufügen. Kren ist der ideale Begleiter zu kalten Platten mit diversen Brotaufstrichen, Senf und Dipsoßen. Ein Klassiker aus Meerrettich ist der österreichische *Apfelkren* oder *Apfelmeerrettich*, eine Mischung aus geriebenem Kren, geraspelten, säuerlichen Äpfeln und Rahm – mit Sojarahm auch vegan perfekt zuzubereiten. Gewürzt wird mit Zitronensaft, Salz und etwas Zucker.

Passendes Rezept
Seite 96

Mentha piperita et al

Beschreibung

Bei der Minze handelt es sich um eine anspruchslose, ausdauernde, krautige Pflanze aus der Familie der Lippenblütler, die am besten an feuchten Standorten gedeiht. Minze ist jedoch nicht gleich Minze. Unter diesem Begriff wird eine ganze Pflanzengattung von rund 200 verschiedenen, anerkannten Sorten verstanden. Viele davon haben ihre Heimat auf der nördlichen Erdhalbkugel, breit gestreut von China über Europa bis Nordamerika. Die meisten der heutigen Minzsorten tragen in ihrem Namen auch den Hinweis auf ihren Geschmack: Orangenminze, Erdbeerminze, Schokominze. Kulinarisch bevorzugte Sorten sind jedoch die Grüne Minze oder Spearmint (Mentha spicata) sowie die Pfefferminze (Mentha piperita).

Aromatik

Bereits der Geruch von Minze ist, je nach Sorte, intensiv frisch, durchdringend kühl und aromatisch-satt, im Geschmack zuerst leicht brennend, danach kühlend und erfrischend zitronig.

Anwendung

Das frische Blatt hat dabei den klar aromatischen Vorteil gegenüber getrockneter oder gerebelter Minze. In vielen Ländern wird Minze zur Zubereitung von Tees und anderen Getränken verwendet, im arabischen Raum und in Nordafrika ist Pfefferminztee ein Nationalgetränk. Weiterhin sind exotische Cocktails wie Caipirinha und Mojito und so mancher Likör ohne Minze nicht denkbar. Zum Aromatisieren von Bonbons und Kaugummis, zum Füllen von Schokoladen, für Speiseeis, Sorbets, Cremes oder Gelees findet Minze genauso Anwendung. Daneben gibt es nationale Traditionsgerichte, die nicht ohne Minze auskommen. In England ist Mintsoße klassisch, jedes indische Mintchutney wird stets mit frischer Minze zubereitet. Nicht zu vergessen der Nudelklassiker aus Österreich, die Kärntner Kasnudeln, die auch vegan zubereitet wunderbar würzig schmecken. Außerdem passt das Gewürzkraut perfekt zu Gemüse, Reisgerichten, Zitrusfrüchten oder zu Soßen aus Sojajoghurt, verfeinert mit Schnittlauch, Petersilie, Basilikum, Majoran und eben Minze.

MUSKATNUSS

Myristica fragrans

Passendes Rezept
Seite 122

Beschreibung

Die Muskatnuss, im Lateinischen so viel bedeutend wie nach Moschus duftende Nuss, ist der Keimling oder Samen des Muskatnussbaums. Neben dem Samen wird auch der Samenmantel der Pflanze, als Macis bekannt, zum Würzen verwendet. Die Muskatnuss gelangte einst von den als Gewürzinseln bekannten indonesischen Molukken mit den seefahrenden Portugiesen nach Europa. Die Molukken waren damals der einzige Ort weltweit, an dem Muskatnüsse wuchsen. Heute werden Muskatnussbäume auch in anderen Gebieten Asiens, in Lateinamerika und in Schwarzafrika kultiviert. Auf eigenen Plantagen werden bevorzugt weibliche Bäume gepflanzt, die nach der Blüte rund fünf Zentimeter große, gelbe bis orangefarbene, kugelige Balgfrüchte (auch Muskatpfirsich genannt) hervorbringen, die nach der Reife aufspringen und den gut drei Zentimeter großen, rundlichen Samen (Muskatnuss) freigeben, umhüllt vom rötlichen, fleischigen Samenmantel, dem Macis.

Aromatik

Geruch und Geschmack der Muskatnuss lässt sich am besten als aromatisch, süßlich-harzig, bitter, leicht terpentinartig und dezent scharf beschreiben.

Anwendung

Auch wenn die Muskatnuss schon bei den alten Römern vor allem als Heilpflanze bekannt war, hielt sie ihren Einzug als Gewürz der Küchen Europas erst mit Beginn der Neuzeit – und ist bis heute dank des unverwechselbaren Aromas eine gern verwendete Ingredienz. Sie verfeinert Kartoffelgerichte genauso wie Eintöpfe, Suppen, Soßen – vor allem den Klassiker Béchamelsoße, diverses Gemüse, von Blumenkohl über Rosenkohl bis Möhren und Pastinaken, gerne auch für Eingelegtes wie Gewürzgurken, Zwiebeln oder Kürbisse. Auch Brot- und Backwaren profitieren von ihrem herb-würzigen Aroma. Im Optimalfall nimmt man bei Bedarf die speziell feine Muskatreibe zur Hand und reibt sich die benötigte Menge frisch. Aufgrund des intensiven Aromas genügen stets geringe Mengen, die man ohne weiteres erst gegen Ende des Kochvorgangs oder kurz vor dem Servieren hinzufügt.

Passendes Rezept
Seite 146

Origanum vulgare
Dost, Wilder Majoran

Beschreibung

Der Oregano gehört zur Gattung Dost aus der Familie der Lippenblütler, sein Name stammt aus dem Altgriechischen und bedeutet so viel wie Bergzierde, in die deutsche Sprache kam er über das italienische origano. Er ist nahe mit dem Majoran verwandt, daher auch das Synonym Wilder Majoran, sozusagen als der etwas derbere und kräftigere Bruder des Feinen Majorans. Und wie dieser stammt auch der Oregano aus dem Mittelmeerraum, vermutlich von der Insel Kreta, wo er schon von den alten Griechen als Heilmittel und Gewürz „von eigenthümlichem, starkem, gewürzhaftem Geruch und scharfem, gewürzhaft bitterlichem Geschmack" verwendet wurde – wie in der Pharmakognosie von Theodor Wilhelm Christian Martius aus dem Jahr 1832 nachzulesen ist. Heute wird er aufgrund seiner robusten und anspruchslosen Art beinah weltweit angebaut, er wächst gerne auch wild – an warmen Standorten, in trockenen und lichten Wäldern, an Wegrändern und sonnigen Hängen.

Aromatik

Stark aromatisch, ätherisch, würzig-herb, ein wenig an Pfeffer erinnernd, mit leicht bitterem Geschmack und dem typisch mediterranen Flair – daher auch fixer Bestandteil des italienischen Würzquintetts Oregano, Thymian, Majoran, Rosmarin und Basilikum. In der früheren nordeuropäischen Küche spielte Oregano als Gewürz kaum eine Rolle, so richtig bekannt geworden ist er erst durch die Mode, italienisch zu kochen und zu essen.

Anwendung

Oregano verleiht jeder Pizza den typisch mediterranen Geschmack, ebenso auch Zubereitungen aus Auberginen, Tomaten oder Zucchini. Selbst scharfe Chiligerichte vertragen eine Prise dieses intensiven Gewürzes. In Kombination mit Basilikum bietet Oregano eine einzigartige Kombination für italienische Pastagerichte. Zudem eignen sich die frischen, duftenden Oreganoblüten perfekt als Würze auf Salaten, man kann sie auch gut zum Aromatisieren von Öl, Essig, Limonaden oder Likören ansetzen.

PAPRIKA

Capsicum annuum
Gemüsepaprika, Gewürzpaprika

Passendes Rezept
Seite 188

Beschreibung

Gemüsepaprika gehört wie Chili in die botanische Gattung Capsicum, zählt aber in der schärfefreien Form zu den jüngsten Gemüsesorten der Kulinarikgeschichte. Der Paprika stammt aus Ungarn, wo er erst in den 1950er-Jahren aus scharfen Chilis gezüchtet wurde und kaum Capsaicin, das scharfmachende Öl, enthält. Nach Ungarn gelangte Paprika als Chili über die Ausdehnung des Osmanischen Reichs nach 1520, in alten ungarischen Wörterbüchern findet man ihn oft als Türkischen Pfeffer. Über Ungarn kam der Begriff Paprika dann auch in die deutsche Sprache, abstammend vom ursprünglich serbischen Ausdruck pàprika, welcher wiederum eine Ableitung von pàpar (Pfeffer) ist.

Aromatik

Im Gegensatz zur Chili, die zu Unrecht oft auf ihre Schärfe reduziert wird, genießt Paprika den Vorteil, dass statt der Schärfe die Aromatik dominiert. Und diese ist in der Tat vielfältig, schon im Geruch frischer Früchte dominieren grün-erdige, leicht fruchtsüße Noten. Diverse Fruchtsäuren und ätherisches Öl im Fruchtfleisch erinnern in der Nase an das Bukett üppiger Weinsorten wie Sauvignon blanc oder Gelber Muskateller. In getrockneter Form schmeckt Paprikapulver erdig-würzig-röstig und hat im Gegensatz zu diversen Chilipulvern immer einen süßlich-fruchtigen Beigeschmack. Aufgrund des fleischähnlichen Raucharomas perfekt für die vegane Küche geeignet ist *Pimentón*, ein aus Spanien stammendes Paprikapulver, das aus getrockneten und über Eichenholz geräucherten Paprikaschoten vermahlen wird.

Anwendung

Paprika ist extrem vielseitig, man kann ihn roh in Salaten, sauer eingelegt, gedünstet oder gebraten verwenden, als Gemüse wie auch als Gewürz. Die mit Wildreis und Räuchertofu *gefüllten Paprika* sind ein Klassiker aus dem pannonischen Raum. Ebenso entfaltet Paprika in Öl eingelegt spannende Aromen, und natürlich kann das süße, mild-würzige Aroma perfekt mit der Schärfe von Chilis, Ingwer oder Pfeffer kombiniert werden.

PETERSILIE

Passendes Rezept
Seite 152

Petroselinum crispum
Blattpetersilie, Petergrün, Suppenwurzel

Beschreibung

Der Ursprung der Petersilie liegt im östlichen Mittelmeer, schon die alten Griechen schätzten sie als heiliges Kraut, das bei Gastmählern und Siegeszügen Anwendung fand. Um die Pflanze eindeutig von der optisch ähnlichen Sellerie selinon unterscheiden zu können, stellte man das Wort petro (für Stein) voran, woraus der Name Petroselinon (so viel wie Steinsellerie) und schlussendlich die Petersilie entstand. Als Küchenkraut werden je nach Zuchtform die glatten, gefiederten (Farnblättrige Petersilie) oder krausen, moosartigen Blätter (Mooskrausige Petersilie) verwendet. Als Bestandteil im Suppengrün (Wurzelgemüse aus Möhren, Sellerie und Petersilie) findet man die Rübenwurzel, auch Petersilwurzel oder Peterwurzen genannt.

Aromatik

Die Petersilie schmeckt duftig-frisch und würzig-pfeffrig, mit einem Hauch von Anis und Zitrone. Glatte Petersilie ist dabei wesentlich kräftiger im Geschmack als die krause Sorte.

Anwendung

Die Petersilie ist ein Universalkraut in den meisten Küchen dieser Welt. Dabei gilt zu beachten, dass sie immer ihr Aroma einbüßt, sobald man sie mitkocht. Daher empfiehlt sich die Zugabe erst am Ende des Kochvorgangs, fein gehackt garniert sie so fast jede Art von salzigen Gerichten. Im *Bouquet garni* jedoch, dem typischen französischen Kräutersträußchen, ignoriert man diese Kochempfehlung und fügt das Sträußchen samt Petersilie bereits am Anfang der Garzeit hinzu – hier macht es die Summe an Kräutern, die ihre Wirkung entfalten. Petersilie würzt Soßen, Suppen, Salate, Gemüse und passt perfekt in Aufstriche und Dips. In punkto warmer Zubereitungen ist das kurze Frittieren der ganzen, krausen Petersilienstängel in heißem Öl sehr beliebt – dies erhält nicht nur das Aroma, sondern eignet sich als gefällige Dekoration auf allen möglichen Speisen. Vorsicht, beim Ausbacken besteht starke Spritzgefahr, immer nur gänzlich trockene Petersilie verwenden.

PFEFFER

Piper nigrum

Passendes Rezept
Seite 114

Beschreibung

Die wahre Heimat des Pfeffers ist die indische Malabarküste, von wo aus er seit der Antike weltweit gehandelt wird. Der Pfefferstrauch stammt aus der Familie der Pfeffergewächse Piperaceae, kulinarisch verwendet werden die an Rispen wachsenden, erbsengroßen Steinfrüchte, die Pfefferbeeren. Pippali ist der Name für Pfeffer im altindischen Sanskrit, von den Indern lernten die Perser den Pfeffer kennen und machten ihn zum Pippari, im Lateinischen wurde er zum Piper, später zum Pepper und dann zum Pfeffer.

Aromatik

Pfeffer gibt es in vier Arten, je nach Erntezeitpunkt und Behandlung von grün über schwarz bis weiß und rot. Grüner Pfeffer riecht krautig-frisch-gemüsig, seine Schärfe ist eher mild-mineralisch. Schwarzer Pfeffer ist dunkelwürzig mit zarten, getrockneten Orangenschalen und erdigen Anklängen von Holz, Eukalyptus und Rauch. Seine Schärfe entwickelt sich angenehm langsam, fruchtig-rauchig mit frisch-minzigen Noten. Weißer Pfeffer kann je nach Herkunft etwas streng riechen, gute Qualitäten jedoch verströmen ein mineralisch-würziges, cremig-frisches Aroma. Die Schärfe ist kräftig, der Geschmack frisch-zitronig. Echter Roter Pfeffer riecht süßlich-frisch und fruchtig nach Kirschen, im Geschmack ist er lieblich-würzig ähnlich wie Hagebutten oder getrocknete Tomaten, die Schärfe ist mit der des Schwarzen Pfeffers vergleichbar.

Anwendung

Man kann gar nicht alle Speisen aufführen, in oder auf die man Pfeffer geben kann. Es ist Geschmacksache, wieviel an Schärfe und Aromatik man liebt. Pfeffer kocht man grundsätzlich im Ganzen mit, idealerweise in einem Gewürzei. Man kann ihn auch mörsern, wobei sich der mürbe, trockene Grüne Pfeffer am besten zerkleinern lässt. Oder aber man vermahlt ihn sortenrein in einer Pfeffermühle – von den handelsüblichen bunten Pfeffermischungen sollte man dabei Abstand nehmen, da diese immer billigeren Rosa Pfeffer vom Brasilianischen Pfefferbaum enthalten, der den Geschmack oft negativ beeinflusst.

Passendes Rezept
Seite 138

Pimenta dioica
Nelkenpfeffer, Neugewürz, Allgewürz

Beschreibung

Piment stammt aus der Familie der Myrtengewächse und ist mit dem Gewürznelkenbaum verwandt. Die kugeligen Steinfrüchte werden halbreif und grün geerntet, da bei Vollreife ihr Ölgehalt stark abnimmt und damit das Aroma verloren geht. Erst beim Trocknen der Früchte bildet sich der typische Geschmack von Pfeffer und Gewürznelken, jedoch deutlich schärfer als Nelken, wofür das ätherische Öl Eugenol verantwortlich ist. Als neuzeitlicher Entdecker des Piments gilt Christoph Kolumbus, der die Gewürzpflanze in der Karibik kennenlernte und sie als Gewürz nach Europa brachte. Den Namen Piment verdankt es dem Irrtum der spanischen Entdecker, die glaubten, Echten Pfeffer gefunden zu haben – einer der Hauptgründe der Entdeckungsfahrten mutiger Seeleute aus der Alten Welt. Pfeffer hieß auf Spanisch pimientia. Allgewürz nannten es später die Engländer aufgrund der vielfältigen Gewürzkomponenten.

Aromatik

Die trockenen Früchte weisen ein typisch warmes Nelkenaroma auf, mit feinen Anklängen von süßem Zimt, im Geschmack aromatisch-brennend und intensiv.

Anwendung

Piment nennt man zu Recht Allgewürz, es passt vor allem zu Kompotten, Puddings, Marmeladen oder Chutneys aus verschiedenen Früchten. Besonders beliebt ist Piment im gesamten deutschsprachigen Raum als Gewürz für Lebkuchen und Pfefferkuchen. Die Engländer benutzen es zudem gerne im sauren Gemüse wie dem Relish oder den Mixed Pickles. Bei Gerichten mit langer Garzeit empfiehlt es sich, die ganzen Körner mitzukochen. Bei kürzeren Garzeiten besser vorher im Mörser anstoßen oder fein mahlen, je nach Intensität. Aufgrund der Vielschichtigkeit kann man Piment wie eine ganze Gewürzmischung verwenden, vor allem bei orientalischen oder südasiatischen Gerichten. Der reichhaltige Geschmack erinnert dabei zugleich an vier verschiedene Gewürze: Pfeffer, Zimt, Muskat und Gewürznelken – aus diesem Grund ist Piment auch als *Viergewürz* bekannt.

ROSMARIN

Rosmarinus officinalis
Meertau, Weihrauchkraut, Brautkraut

Passendes Rezept
Seite 180

Beschreibung

Rosmarin ist mit Kräutern wie Lavendel, Salbei und Thymian verwandt und wächst als immergrüner, intensiv duftender Strauch mit den typisch nadelähnlichen Blättern. Die Pflanze stammt ursprünglich aus dem mediterranen Raum, wo sie als Gewürz- und Heilpflanze seit der Antike kultiviert wird und heute noch verwildert wächst. Der Name geht auf das lateinische ros marinus, der Tau des Meeres, zurück. Dies deutet wohl auf den Umstand hin, dass Rosmarinsträucher an den Mittelmeerküsten wachsen und sich in der Nacht Tau auf ihren Blättern sammelt.

Aromatik

Der kräftig-aromatische Geruch von Rosmarin erzeugt schnell Bilder vom Mittelmeer, passt doch der herbe, pfeffrig-harzige Geschmack wunderbar in die südländische Kulinarik. In der Nase erinnert Rosmarin an Kampfer, Eukalyptus und Weihrauch und kann daher als Ersatz für diese Räuchergewürze verwendet werden.

Anwendung

Man kann Rosmarin sowohl mitbraten wie auch mitkochen, wobei aufgrund der Intensität keine großen Mengen zur Aromatisierung notwendig sind. Will man das Aroma bestmöglich erhalten, fügt man das Kraut sparsam kurz vor dem Anrichten hinzu. Seine Vielfalt entfaltet er ebenso in fertig gebratenen Speisen, wenn man ihn frisch zum Schluss in die Pfanne gibt. Als Grillgewürz lässt er sich unkompliziert mit anderen mediterranen Gewürzen kombinieren, wie man sie in der klassisch französischen Kräutermischung *Kräuter der Provence* findet. Deftige Speisen wie Kartoffel- oder Pilzgerichte, aber auch Suppen und Soßen profitieren von der geschmacklichen Note. In süßen Speisen empfiehlt sich Rosmarinhonig aus Spanien oder Frankreich, den man aus Akazienhonig mit ein paar Zweigen Rosmarin und einem Spritzer Zitronensaft selbst recht einfach ansetzen kann. Aus frischen Rosmarinzweigen und eher neutralem Speiseöl lässt sich im Handumdrehen ein gefälliges Kräuteröl herstellen, als wunderbare Ergänzung bei der Zubereitung von Marinaden und Salatdressings.

Passendes Rezept
Seite 162

Crocus sativus

Beschreibung

Safran stammt aus der Gattung der Schwertliliengewächse und ist eine mehrjährige Krokusart. Das Gewürz selbst wird aus den Narben der Safranblüten gewonnen, die sich einmal im Jahr aus dem oberen Ende der Blüte in bis zu fünf Zentimeter lange, rote Narbenäste teilen. Nur diese süß-aromatisch duftenden Narbenäste werden getrocknet als Gewürz verwendet. Ausschließlich von Hand geerntet, benötigt man etwa 150.000 Blüten, um ein Kilogramm Gewürz zu gewinnen. Somit verständlich, warum Safran zu den teuersten Gewürzen der Welt zählt.

Aromatik

In getrockneter Form riecht und schmeckt Safran intensiv-würzig, blumig-erdig mit einer intensiv-malzigen Honignote. Dafür verantwortlich ist das aromatische *Safranal* gemeinsam mit dem Farbstoff *Crocin*, der die intensiv goldgelbe Färbung ausmacht. Doch Obacht, zu viel an Safran macht den Kuchen nicht nur *gel*, sondern bitter. Vorsicht auch vor billigen Safrankopien aus den Blütenblättern des *Saflors*, auch *Färberdistel* genannt. Saflor färbt ein Gericht zwar auch gelb ein, schmeckt aber aufgrund des Fehlens ätherischer Öle neutral bis bitter.

Anwendung

Es ist der Kreativität vieler Haubenköche geschuldet, dass Safran für Luxus und edle Gerichte steht. Tatsächlich profitieren Klassiker vom Einsatz des teuren Gewürzes, sei es das Risotto alla Milanese oder die spanische Paella.

Echter Safran ist im Kochtopf jedoch weit mehr als nur Garant für hohe Farbintensität, sein Geschmack ist so unnachahmlich, dass er einige Euro pro Gramm in jedem Fall wert ist. Aufgrund der intensiven Würzkraft und des bitteren Geschmacks im Falle einer Überdosierung genügen ohnehin winzige Mengen. So taugt Safran neben dem Einsatz für Nudel- und Reisgerichte optimal in der süßen Küche und verfeinert Kompotte, Pudding, Kuchen, Eis und Cremes. Sein größtmögliches Würzpotenzial entfaltet er übrigens, wenn er möglichst am Schluss des Kochprozesses hinzugefügt wird. Je länger er mitkocht, desto mehr verliert er an Intensität.

SALBEI

Salvia officinalis

Passendes Rezept
Seite 194

Beschreibung

Salbei stammt aus der Familie der Lippenblütler und hat seine Heimat im Mittelmeerraum, wo er sich mit bis zu 900 verschiedenen Arten im Wildwuchs verbreitet hat und damit zu den artenreichsten Pflanzengattungen der Welt zählt. Als Heilpflanze hat er eine lange Geschichte, schon sein Name leitet sich vom lateinischen salvus (für heil und gesund) ab. In Westeuropa hat sich der Echte Salbei (Salvia officinalis) mit vielen regionalen Spielarten durchgesetzt, die sich vor allem durch Form und Farbe der Blätter unterscheiden – wie der Spanische Salbei mit länglichen, elliptischen Blättern oder der Griechische Salbei mit dreilappigen Blättern. Salbeiblätter fühlen sich generell weich und samtartig an und verströmen wegen der ätherischen Öle einen intensiven, aromatischen Duft.

Aromatik

Sein Geschmack ist streng-würzig und erinnert an Nadelhölzer, bei einigen Arten ist er auch bitter-herb. Im Geschmack meist milder, mit leicht bitteren Noten und Erinnerungen an Kampfer. Salbei ist stark adstringierend und erzeugt ein pelzartiges Mundgefühl, wobei frischer Salbei aromatischer und weniger streng schmeckt als das getrocknete Kraut.

Anwendung

Als Küchenpflanze ist der Salbei erst seit dem Mittelalter ein Begriff, dafür konnte er sich dann in den meisten Teilen Europas durchsetzen und ist heute vor allem in mediterranen Gerichten anzutreffen, Salbei-Gnocchi oder Raviolifüllungen kommen nicht ohne das Kraut aus. Wegen seiner hohen Würzkraft ist meist ein Blatt frischer oder eine Messerspitze getrockneter Salbei pro Portion ausreichend, wobei er getrocknet intensiver würzt als frisch. In Öl mitgebraten, entfaltet er sein Aroma hervorragend und macht fetthaltige Gerichte bekömmlicher. Selbst deftige Kärntner Kasnudeln schmecken dank Salbei auch vegan zubereitet hervorragend. Sowohl die frischen Blätter wie auch die Blüten können roh, überbrüht oder eingelegt gegessen werden, über Salate gestreut ergänzen sie mit Farbe und Duft.

SCHNITTLAUCH

Passendes Rezept
Seite 144

Allium schoenoprasum
Graslauch, Schnittling, Binsenlauch

Beschreibung

Der Schnittlauch gehört der Gattung Lauch (Allium) an, in die auch andere bekannte Vertreter wie der Knoblauch, der Bärlauch und die Küchenzwiebel fallen. Sein botanischer Name, der griechischen Ursprung hat und so viel wie Binsenlauch bedeutet, bezieht sich auf die Form der länglichen und röhrenförmigen Blätter. Die ausdauernde Pflanze kann Wuchshöhen von mehr als einem halben Meter erreichen und prägt Doldenkugeln aus, die kleine dunkelrosa, violette oder rote Blüten haben. Diese sind nicht nur dekorativ, sie können auch gegessen werden. Schnittlauch wächst auf feuchten, kräftigen Böden, liebt viel Sonne und ist recht pflegeleicht.

Aromatik

Lauchartig im Geruch, scharf-würzig und zwiebelartig im Geschmack, aufgrund der Intensität bereits in geringen Mengen stark würzend. Der Schnittlauch ist im Handel ganzjährig erhältlich, als Kräutertopf aus dem Gewächshaus, als Kräuterbund, tiefgefroren, getrocknet und gefriergetrocknet – wobei die letzten beiden Formen aromatisch nicht an die frischen Varianten heranreichen.

Anwendung

Als Küchengewürz verwendet werden die oberirdischen Röhrenblätter mit ihrem sehr intensiven Aroma, das sich umso besser entfaltet, je feiner man die Halme zu Schnittlauchröllchen zerschneidet. Erst die Gewebeverletzung führt zu flüchtigen, aromatischen Schwefelverbindungen. Dafür verwenden Profis eine eigene Kräuterschere, aber auch mit einer herkömmlichen Küchenschere oder einem Messer erzielt man gute Ergebnisse. Eine perfekte Symbiose verspricht die Anwendung von Schnittlauch auf Salaten und in Kräutersoßen – sein Einsatzgebiet ist vor allem die kalte Küche. Hohe Temperaturen zerstören einerseits das schnittlauchtypische Aroma, andererseits das in ihm enthaltene Vitamin C. Wenn er gekochten Speisen hinzugefügt wird, dann sollte dies erst kurz vor dem Servieren, quasi zur Dekoration, geschehen.

SELLERIESAMEN

Apium graveolens

Passendes Rezept
Seite 182

Beschreibung

Die Ursprünge von Sellerie finden sich im Mittelmeerraum. Aus der Wildform, dem Sumpfsellerie, die, wie der Name andeutet, in salzig-sumpfigen Gegenden Südeuropas beheimatet war, entstanden schließlich die Kulturformen Knollensellerie, Staudensellerie und Schnittsellerie. Sein deutscher Name geht auf die altgriechische Bezeichnung selinon zurück, gleichbedeutend mit der sizilianischen Stadt Selinunt am Fluss Selinus, in dessen sumpfigen Zuläufen erste große Selleriebestände entdeckt wurden. Inzwischen hat sich die Pflanze über die ganze Welt ausgebreitet, heute wird sie meist in Indien und Westeuropa kultiviert. Der Echte Sellerie bildet weißblühende, doppeldoldige Blütenstände, die jene kleinen, eiförmigen und scharf gerippten, gelb-braunen Samen hervorbringen.

Aromatik

Im Geruch krautig-würzig und süßlich-herb, mit einer kräftigen Kümmelnote, im Geschmack brennend-süß, zitronig und recht bitter. Wie jedes Doldengewächs enthält Sellerie in allen Pflanzenteilen ätherisches Öl, für den typischen Duft von Petersilie und Liebstöckel ist der hocharomatische Pflanzenstoff *Phthalid* verantwortlich.

Anwendung

In der Küche verdienen Selleriesamen neben dem Selleriegemüse deutlich mehr Beachtung. Es empfiehlt sich, die Samen kurz vor der Anwendung zwecks Aromaentfaltung mit dem Mörser leicht anzustoßen oder zu zerdrücken. So harmonieren sie perfekt mit gegartem Gemüse wie Tomaten, Gurken, Kohl oder Kartoffeln. Sie verfeinern Soßen und Marinaden, sind aber auch beim Einlegen von Gurken oder zum Würzen von Brot und Gebäck eine große Bereicherung. Ein Klassiker unter den Gewürzsalzen ist das Selleriesalz, eine Mischung aus Selleriesamen mit grobem Meersalz. Frisch aus der Salzmühle verfeinert es mit seiner würzigen Note deftige Hausmannskost, passt aber auch wunderbar zum Maiskolben vom Grill. Sogar in Getränken kann es geschmacklichen Mehrwert bringen – eine Bloody Mary sollte niemals ohne Selleriesalz zubereitet werden.

SENF

Passendes Rezept
Seite 110

Weißer Senf *(Sinapis alba)*, **Schwarzer Senf** *(Brassica nigra)*, **Brauner Senf** *(Brassica juncea)*

Beschreibung

Senf ist eine Gewürzpflanze aus der Familie der Kreuzblütengewächse. Innerhalb der Senfe gibt es drei Gattungen, die sich vor allem hinsichtlich des Schärfegrads unterscheiden: den süßlich-scharfen, an Honig erinnernden Weißen Senf; den bitter-harzigen und ein wenig ätherisch schmeckenden Braunen Senf; den extrem stechend riechenden und scharf schmeckenden Schwarzen Senf. In der Küche gebräuchlich sind sowohl ganze Senfsamen als auch Senfpulver und Tafelsenf aus gemahlenen Samen.

Aromatik

Die in Senfsamen enthaltenen *Senfglycoside* sind selbst nicht scharf, erst durch das Schroten oder Mahlen der Samen und durch Kontakt mit Wasser (*Hydrolyse*) werden die im Senfsamen enthaltenen Enzyme aktiv und bilden das scharf-ätherische Senföl. Dieses bildet sich je nach Senfsorte in unterschiedlichen Schärfegraden aus: Weißer Senf ist milder, Brauner und Schwarzer Senf sind deutlich schärfer – so bestimmt sich erst durch gekonntes Vermischen der Senfsorten die Schärfe.

Anwendung

Die größte Verbreitung findet Senf als Senfpaste oder Tafelsenf aus den Grundzutaten Wasser, Essig und Salz – verfeinert durch Zutaten wie Zucker, Honig, Meerrettich, Chili, Kräuter, Estragon – von süß über mild bis extrem scharf. Dabei gilt, dass frischer Senf noch zu roh zum Verspeisen ist und für einige Wochen abliegen muss, bis sich die Schärfe perfekt einbindet. Ganze Senfsamen verwendet man zum Kochen, Braten und Marinieren, sie entfalten dabei erst nach und nach ihr scharfes Aroma. Ideal zum Einlegen von Senfgurken und Mixed Pickles eignen sich Weiße Senfkörner. Grundsätzlich gilt für Senfsamen, dass sich die Schärfe verflüchtigt, wenn sie stark oder über einen längeren Zeitraum erhitzt werden. Gibt man die Samen von Beginn an in den Kochprozess, so kann man ruhig etwas stärker dosieren. Will man hingegen die Schärfe bewusst einsetzen, sollte man erst zum Schluss würzen.

STERNANIS

Illicium verum

Passendes Rezept
Seite 154

Beschreibung

Echter Sternanis ist ein immergrüner Baum aus der Familie der Sternanisgewächse, er gedeiht nur in tropischen Gebieten. Mit dem bekannteren Anis hat Sternanis botanisch nichts zu tun, dieser ist ein Doldengewächs, im Geschmack jedoch ähneln sich die beiden Gewürze. Das Aroma sowie sein sternförmiges Aussehen haben ihm zur deutschen Gewürzbezeichnung verholfen. Sternanis bildet als Sammelfrucht meist acht, manchmal auch zwölf in Sternform gruppierte Fruchtblätter, die ebenso viele apfelkernähnliche, orange Samen enthalten. Die Sterne werden nach der Ernte im Ganzen getrocknet, da das Gewürzaroma nur in den holzigen Wänden der Fruchtblätter steckt, nicht in den Samen selbst. Seine Ursprünge in Ostasien erklären seine alternative Benennung als China-Anis – dort war er schon vor Tausenden Jahren als Würz- und Heilpflanze bekannt.

Aromatik

Das Aroma von Sternanis wird vom ätherischen Öl *Anethol* bestimmt. Das Gewürz schmeckt süßlich und erinnert an Lakritze, Anis, Fenchel und Zimt, hat aber auch eine leicht pfeffrig-säuerliche Note. Auf der Zunge hinterlässt der Sternanis eine leichte Betäubung mit einem frischen Nachgeschmack. Am intensivsten schmeckt die holzige Hülle, während die enthaltenen Samen kaum Würzkraft besitzen.

Anwendung

In Europa wird Sternanis stark mit der weihnachtlichen Küche verbunden, Kekse, Plätzchen und anderes Weihnachtsgebäck, aber auch Tees, Glühwein, Liköre und mehr werden mit dem aromatischen Gewürz versetzt. Abgesehen davon ist seine wohl bekannteste Verwendung – neben Fenchel, Zimtkassie, Gewürznelken und Szechuanpfeffer – als Bestandteil der chinesischen *Fünf-Gewürze-Mischung*. Mit seinem wunderbaren Aroma werden zahlreiche Reisgerichte, asiatische Suppengerichte sowie indische Currys verfeinert, oft in Kombination mit Pfeffer und Ingwer. Möchte man den Geschmack intensivieren, röstet man Sternanis ohne Fett an und fügt ihn im Ganzen oder gemörsert der Speisenzubereitung hinzu.

Passendes Rezept
Seite 156

Glycyrrhiza glabra

Beschreibung

Bei Süßholz handelt es sich um eine sonnenliebende Pflanze aus der Familie der Schmetterlingsblütler. Seine ursprüngliche Heimat liegt in China, heute wächst die Pflanze verwildert wie auch in Kulturen im gesamten Mittelmeerraum und im Orient. Als das eigentliche Gewürz Süßholz werden die langen Wurzelausläufer verwendet, die zur Erntezeit im Herbst von der Hauptwurzel getrennt und ausgegraben, im Anschluss gewaschen und geschält und an der Sonne oder im Backofen getrocknet werden. Der deutsche Name Lakritze geht auf das lateinische glycyrrhiza zurück, ein Lehnwort aus dem griechischen glykys (für süß) und rhiza (für Wurzel). Bedingt durch die Verwendung der flüssig bis zähen Konsistenz des aus der Wurzel extrahierten Lakritzesaftes kam es unter dem Einfluss von liquor (für Flüssigkeit) zu einer Wandlung zu liquiritia und schlussendlich zur Lakritze – heute als Begriff vor allem für die bekannten Formen wie Brezeln, Schnecken oder Pfeifen in Verwendung. Zur industriellen Herstellung von Lakritze werden Süßholzwurzeln zu Rohlakritze extrahiert und mit Zuckersirup, Mehl und Gelatine eingedickt.

Aromatik

Der Geruch und Geschmack von Süßholz ist, wie der botanische Name andeutet, süßlich-lieblich und medizinisch-herb zugleich, im Aroma stark an Anis und Fenchel erinnernd.

Anwendung

Da Süßholz unglaubliche 50 Mal stärker süßt als Zucker, ist es als natürliches Süßungsmittel sehr beliebt. Überall dort, wo herkömmlicher Zucker passt, ist Süßholz eine großartige Alternative – sofern man dem leichten Anisaroma, das im Süßholz steckt, etwas abgewinnen kann. Neben dem klassischen Einsatz für Süßspeisen sollten kreative Kulinariker die süße Wurzel jedoch auch bei pikanten Gerichten ins Rennen schicken. Ganze Süßholzwurzeln eignen sich gut zum Mitschmoren oder Mitbraten; als Pulver eingesetzt reicht zum Kochen und Backen eine Teelöffelmenge – der Geschmack sollte nicht sofort zu erkennen, sondern nur als feine Note wahrnehmbar sein.

SZECHUANPFEFFER

Zanthoxylum piperitum
Sichuanpfeffer, Sechuanpfeffer, Chinesischer Pfeffer

Passendes Rezept
Seite 150

Beschreibung

Der Szechuanpfeffer stammt aus der Familie der Rautengewächse, zu denen auch alle Zitrusfrüchte gehören. Trotz der pikant-scharfen Aromatik ist er jedoch nicht mit dem Schwarzen Pfeffer verwandt. Der Name Szechuan leitet sich von der zentralchinesischen Provinz Sichuan ab, wo man ihn seit dem 1. Jahrtausend vor Christus kennt. Von dort aus hat er seinen Weg in die Kulinarik angetreten und wird heute vor allem in Ostasien genutzt. Als Gewürz verwendet werden die kleinen, rotbraunen bis schwarzen Samenkapseln.

Aromatik

Frisch gemahlen duftet Szechuanpfeffer zitronig-blumig und holzig-warm, im Geschmack süßlich-säuerlich, mit einem Prickeln auf der Zunge ähnlich einer Brausetablette. Wer einmal Szechuanpfeffer gekostet hat, vergisst nie wieder das Taubheitsgefühl auf den Lippen und der Zunge. Dafür zeichnen sich verschiedene *Amide* verantwortlich, chemische Ammoniakverbindungen, die in großen Mengen in den Samenkapseln enthalten sind. In China selbst wird diese Aromatik nicht als scharf bezeichnet, vielmehr als betäubend, wodurch auf der Zunge eine völlig neue Wahrnehmung von Geschmack entsteht.

Anwendung

Szechuanpfeffer passt, bedingt durch seine Herkunft, perfekt zu asiatischen Gerichten, wobei er als ein *empfindliches Gewürz* zu verstehen ist und beim Kochen rasch an Aroma verliert, weshalb man ihn nur bei milder Hitze unter dem Siedepunkt einsetzen oder vor dem Servieren nochmals nachwürzen sollte. Typische Speisen, die ohne das begehrte Gewürz undenkbar wären, sind Gerichte mit Hülsenfrüchten und Gemüse wie Erbsen, Linsen, Möhren, Kürbis, Mangold oder Krautspeisen. Er passt wunderbar in Pfeffermischungen für die Mühle und verfeinert damit Dips, Soßen, Marinaden, Fonds oder Suppen. Als Geheimtipp zählt der Szechuanpfeffer auf Obstsalaten oder in Schokoladendesserts, Pralinen und in süßen Likören – vor allem aufgrund der Schärfe und des exotischen Zitronengeschmacks.

TASMANISCHER PFEFFER

Passendes Rezept
Seite 126

Tasmannia lanceolata
Australischer Bergpfeffer

Beschreibung

Der Tasmanische Pfeffer ist eine der wenigen australischen Würzpflanzen in der internationalen Kulinarik. Zwar gibt es in Australien mehrere tasmanische Pfefferarten, wenn aber vom Australischen Pfeffer die Rede ist, wird immer der Tasmannia lanceolata verwendet. Er kommt sowohl auf der namensgebenden Insel Tasmanien wie auch in Südaustralien vor. Der Bergpfeffer zählt botanisch betrachtet nicht zu den klassischen Pfeffergewächsen Piperaceae, sondern zu den Winteraceae, bevorzugt in den kühlen und feuchten Bergregionen tropischer Gebiete wachsende Sträucher mit aromatisch duftenden Blättern und erbsengroßen, bläulich-schwarz ausreifenden Beeren.

Aromatik

Anfangs süßlich-herb und exotisch-warm, mit wacholderartigem Aroma und einer zunehmenden, extremen Schärfe, die sich bei größeren Mengen bis zur Taubheit von Zunge und Gaumen entwickeln kann, ähnlich dem Szechuanpfeffer, wobei die Schärfe auch rasch wieder nachlässt.

Anwendung

Bergpfeffer passt als Gewürz exzellent zu Kürbis und Wurzelgemüse. Er wird grundsätzlich immer als ganze Beere oder frisch gestoßen verwendet, da er sich nicht gut mahlen lässt und Mühlen verklebt. Wünscht man dabei vor allem seine extreme Schärfe, erst kurz vor Ende des Kochprozesses würzen, da er bei längerer Hitzeeinwirkung an Schärfe verliert. Sucht man hingegen nur das einmalige Pfefferaroma, einfach länger mitkochen, damit er das gesamte Gericht durchdringen kann, beispielsweise in lange kochenden Eintöpfen oder Bohnengerichten. Perfekt schmeckt der Bergpfeffer auf Vanilleeis, wo er mit seiner purpurnen Farbe, welche die Beeren abgeben, optisch perfekt zur Geltung kommt – ebenso lassen sich damit helle Soßen oder Suppen bläulich-violett einfärben. Generell gilt es, bei der verwendeten Menge aufzupassen, etwa ein Zehntel des Bergpfeffers reicht aus im Vergleich zur Menge von herkömmlichem Schwarzem Pfeffer.

THYMIAN

Thymus vulgaris
Echter Thymian, Gartenthymian

Passendes Rezept
Seite 102

Beschreibung

Echter Thymian ist wie der wild wachsende Bruder Quendel (Thymus serpyllum) in ganz Mitteleuropa heimisch. Thymian ist nur in warmen Gegenden auch verwildert zu finden, er stammt zum Großteil aus kontrolliertem Anbau. Er ist ein Halbstrauch mit verholzten Zweigen und kleinen, kurzen, elliptischen Blättern, an der Oberseite graugrün, an der Unterseite filzig und grauweiß behaart. Beiden Thymianarten ist gemeinsam, dass sie reich am ätherischen Öl Thymol sind. Gegenüber dem Quendel enthält der Echte Thymian aber ein Vielfaches an Thymol, weswegen man den südländischen Thymian kulinarisch bevorzugt.

Aromatik

Die Aromatik von Thymian erinnert stark an Pizza, ist er doch eines der bekanntesten Pizzakräuter, blumig-frisch-ätherisch mit einem Duft nach Zitronen und einem Hauch von Tannennadeln. Frischer Thymian sollte erst gegen Ende der Garzeit mitgekocht werden, da er so am besten das volle Aroma entfaltet und die zitrusartigen und blumigen Noten erhalten bleiben. Getrocknetes Kraut kann auch von Anfang an in den Topf, wobei man dieses in Maßen dosieren sollte, da es noch mehr Würzkraft besitzt.

Anwendung

Thymian kann im frischen, aber auch getrockneten Zustand unter anderem im Tomatensalat, in Suppen, Soßen und Eintöpfen verwendet werden. Sein herbbitterer Geschmack verfeinert Kartoffel-, Pilz- und Gemüsegerichte, vor allem in Verbindung mit Knoblauch, Oliven und Zucchini ist er unschlagbar. Zudem ist er in vielen Kräutermischungen enthalten, ist Fixbestandteil in den berühmten *Kräutern der Provence* und fügt sich wunderbar in das Kräutersträußchen *Bouquet garni*, wo er gemeinsam mit Lorbeer und Petersilie alle frisch-blumigen und würzig-aromatischen Komponenten zum Aromatisieren von Suppen und Eintöpfen liefert. Die Bitternote von Thymian passt auch perfekt zu Schmorgerichten mit Rotwein oder Bier, die er mit seinen pizzaartigen Röstaromen verfeinert.

TONKABOHNE

Passendes Rezept
Seite 164

Dipteryx odorata
Toncabohne, Tongobohne, Tonkobohne

Beschreibung

Als Tonkabohne bezeichnet man den schwarzen Samen des Tonkabohnenbaums. Der tropische Tonkabohnenbaum bringt alljährlich gelbliche Hülsenfrüchte in der Größe einer Mango, aus der ein mandelförmiger Samen, die Tonkabohne, entnommen wird. Die Bohne wird getrocknet, in kräftigen Rum eingelegt, nochmals getrocknet und anschließend fermentiert, um den typischen Geruch zu entwickeln und den Cumaringehalt zu senken. Cumarin kann zu unerwünschten Nebenwirkungen wie Kopfschmerzen, Erbrechen oder Schwindel führen und wird von Menschen unterschiedlich stark wahrgenommen; die Verwendung von ein bis zwei Bohnen für ein Gericht für vier Personen gilt jedenfalls nachgewiesen als unbedenklich.

Aromatik

Der außergewöhnliche und intensive Duft der Tonkabohne kann fast als berauschend beschrieben werden; Noten von Vanille, Waldmeister, Mandel, Heublumen, Zimt und karibischem Rum sind wahrnehmbar. Ihr Geschmack ist anfangs leicht herb, dann zunehmend süßlich-bitter, wobei schon geringe Mengen der Bohne eine enorme Wirkung entfalten.

Anwendung

Würde man die Tonkabohne nur als kostengünstigen Ersatz für die Vanille und damit ausschließlich in der Weihnachtszeit verwenden, täte man ihr großes Unrecht. Das hat man in der Haubenküche vieler Länder bereits verstanden und nutzt die Bohne seit einigen wenigen Jahren aufgrund des intensiven und kraftvollen Charakters immer öfter als Hauptakteur in unterschiedlichen, auch pikanten, Kreationen. Sparsam verwendet, passt die Tonkabohne perfekt in Süßspeisen, vor allem auf Basis von Mohn, Kokos oder Milchersatz – wie beispielsweise in Vanilleeis oder in die italienische Panna cotta auf Sojabasis. Für ihre Anwendung nimmt man eine Muskatnussreibe, mit der man pro Gericht für mehrere Personen eine Tonkabohne fein zerreibt und während des Kochvorgangs einstreut. Eine andere Option ist, die ganze Bohne in Mandelmilch auszukochen und dann die aromatisierte Flüssigkeit für Rezepte weiterzuverwenden.

VANILLE

Vanilla planifolia et al.

Passendes Rezept
Seite 100

Beschreibung

Bei Vanille handelt es sich um die Frucht einer tropischen Schlingpflanze aus der Gruppe der Orchideengewächse. Die Gattung Vanilla umfasst etwa 110 Arten, von denen rund 15 Arten die aromatischen Kapselfrüchte (Vanilleschoten) liefern – die botanisch betrachtet jedoch keine Schoten sind. Sie werden kurz vor der Reife gelbgrün geerntet und zur Gewinnung des Aromas der sogenannten Schwarzbräunung unterzogen, einer Fermentation in luftdichten Behältern. Erst dadurch wandeln sich die Fruchtkapseln zu den bekannten, schwarzbraun glänzenden Vanillestangen. Die wichtigste Art ist die Gewürzvanille Vanilla planifolia. Sie wird überwiegend auf den Vanille-Inseln Madagaskar, Réunion, Mauritius und anderen Inseln des Indischen Ozeans angebaut. Die Gewürzvanille kennt man vor allem als Bourbonvanille, deren Ursprung im alten Namen der Insel Réunion liegt, die bis 1848 Île Bourbon genannt wurde.

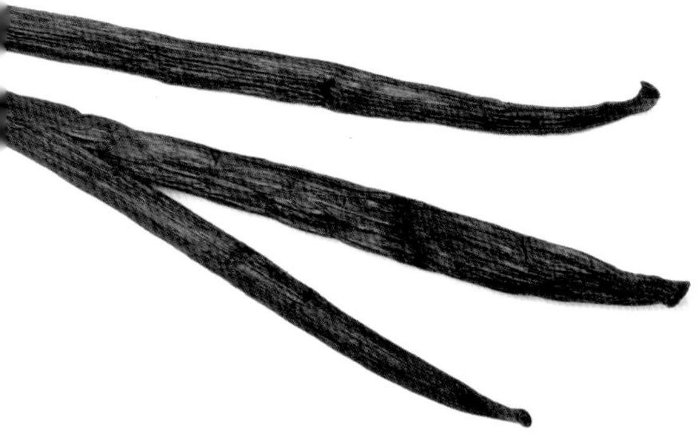

Aromatik

Gute Vanille erkennt man am weichen, süßen Duft nach getrockneten Früchten und Blüten, mit satter Note nach Pfeifentabak, im Geschmack üppig süß und vielseitig mit zartherber Note. Die beliebteste und teuerste Sorte, die Bourbonvanille, ist dank des intensiv-harmonischen Aromas unverkennbar.

Anwendung

Vanille ist in vielen Desserts, in Kuchen- und Keksteigen, Puddings, Cremes, Eis, Backwerk, zu Obst, aber auch in süßen Getränken, von Kaffee über Tee bis Schokolade, unverzichtbar. In der Praxis wird die längliche, dunkelbraune Vanilleschote mit einem Messer aufgeschlitzt, das Vanillemark herausgekratzt und frisch verwendet. Auch für die ausgehöhlte Schote gibt es Verwendung, sie hat ausreichend Aromastoffe übrig und kann in Sojamilch oder Kompotten ausgekocht werden. Und wer gerne experimentiert, sollte die Vanille unbedingt in pikanten Gerichten probieren: Ob Gemüse, Reis oder Soßen – das exquisite Gewürz, das hervorragend mit Zimt, Anis, Kardamom oder Nelken harmoniert, sorgt dabei für neue Geschmackserlebnisse.

Passendes Rezept
Seite 120

Hyssopus officinalis
Bienenkraut, Eisenkraut, Gewürzysop

Beschreibung

Das vom Hebräischen ésóv abstammende Wort Ysop bedeutet so viel wie heiliges Kraut, und tatsächlich wurde die Pflanze seit der Antike bis ins Mittelalter zu Heilzwecken eingesetzt, in Europa als Gewürzkraut kultiviert wird sie jedoch erst seit dem 16. Jahrhundert. Ysop stammt aus der Familie der Lippenblütler, die Blüten sind blau bis violett und ähneln denen von Thymian oder Bohnenkraut, die ebenfalls zu den Lippenblütlern zählen. In Mitteleuropa ist Ysop auch im Wildwuchs anzutreffen, vor allem an sonnigen Standorten, wo er während der Blüte im Sommer seinen äußerst würzigen, aromatischen Duft verbreitet.

Aromatik

Das Kraut schmeckt leicht bitter-säuerlich, würzig und erinnert an eine komplexe Mischung aus Oregano, Rosmarin, Minze und Salbei, wobei vor allem frischer Ysop intensiv duftet. Wenn jedoch kein frisches Kraut zur Hand ist, verleiht auch getrockneter und gerebelter Ysop die typisch herbe Note.

Anwendung

Das hocharomatische Küchenkraut passt in die warme wie auch kalte Küche, sollte wegen seiner hohen Würzkraft aber sparsam eingesetzt werden. Wenn verfügbar, gibt man die frischen Blätter kleingehackt auf Salaten oder in Dressings. In der warmen Küche schmeckt Ysop in Soßen, zu Kartoffeln, Pilzen, Gemüse sowie zu fettreichen Speisen, deren Verdaulichkeit er verbessert. Bei gekochten Gerichten sollte man die Blätter zur idealen Aromenentfaltung jedoch nicht mitkochen, sondern besser erst nach dem Kochen beigeben und in der Speise kurz durchziehen lassen. Er kann wunderbar mit anderen Kräutern zu Kräuterbutter verarbeitet werden und harmoniert mit Knoblauch und Frühlingszwiebeln. Spannend erscheint seine ausgeprägte Bitternote in Kombination mit Säure und Süße von Steinobst wie Aprikosen oder Pfirsichen.

ZIMT

Echter Zimt, Ceylon-Zimt *(Cinnamomum zeylanicum)*, Zimtkassie, Cassia *(Cinnamomum cassia)*

Passendes Rezept
Seite 190

Beschreibung

Zimt wird aus der getrockneten Rinde von Zimtbäumen gewonnen, immergrüne, hohe Bäume mit glatter, grauer bis rotbrauner Rinde. Botanisch zählt der Zimtbaum zu den Lorbeergewächsen, als ursprüngliche Quelle gilt der Echte Zimtbaum, auch Ceylon-Zimt genannt (Cinnamomum verum bzw. zeylanicum) vom Inselstaat Sri Lanka (bis 1972 Ceylon). Der heute mengenmäßig überwiegende Zimt stammt vom Gewürzzimtbaum aus Indien, Südostasien und vor allem Südchina und wird als Zimtkassie oder Cassia (Cinnamomum cassia) gehandelt.

Aromatik

Man unterscheidet streng zwischen *Ceylon-Zimt und Zimtkassie*: Den Ceylon-Zimt erkennt man an den dünnen, zerbrechlichen, ineinandersteckenden und nach innen gerollten Stangen mit typisch feinpudrigem, süß-aromatischem und warmem Duft. Dem gegenüber steht die grobe, rotbraune, dick und einzeln geschnittene Cassia mit erdiger, süßlich-bitterer Note und einer pfeffrig-adstringierenden Aromatik.

Anwendung

Wer den feinen, süßlichen Zimtduft vernimmt, denkt automatisch an Weihnachten. Kaum ein festliches Gebäck kommt ohne Zimt aus; in Tee, Punsch und Glühwein zur kalten Jahreszeit ist Zimt Programm und in Süßspeisen von gebrannten Mandeln bis zum Bratapfel ist er zu finden. Dennoch täte man dem vielseitigen Gewürz, das optimal mit Vanille, Kardamom, Piment oder Kreuzkümmel zusammenpasst, Unrecht, würde man auf seine Verwendung in den anderen Jahreszeiten verzichten. Eine Zimtstange aromatisiert im Handumdrehen ein süßes Kompott, eine Marmelade oder Soße; es verpasst auch pikanten Relishes, Chutneys und Salsas eine interessante Note. In Müslis und zu Obst sorgt eine Prise Zimt für Wohlgeschmack. In der herbstlichen Küche harmoniert Zimt hervorragend mit Kürbis, Rotkraut oder Esskastanien (Maroni). Wer Rosenkohl mag, sollte diese einmal mit einer Messerspitze Zimt versehen – die Geschmackspaarung bitter und süß könnte in Begeisterung versetzen.

ZITRONENMELISSE

Passendes Rezept
Seite 192

Melissa officinalis
Melisse, Zitronenkraut

Beschreibung

Die Zitronenmelisse stammt aus der Familie der Lippenblütler und ist mit Salbei und Majoran verwandt. Kulinarisch spannend sind die stark nach Zitrone duftenden Blätter, eiförmig mit grobem, gesägtem Blattrand. Melissenblätter enthalten Unmengen an sekundären Pflanzenstoffen, vor allem Zimtsäure, Rosmarinsäure und Kaffeesäure, sowie die ätherischen Öle Citral und Citronellal, verantwortlich für den Zitronenduft. Der Name leitet sich vom griechischen meliteion ab, das mit meli für Honig zusammenhängt und auf die frühere Nutzung als Bienenweide zurückzuführen ist. Mit Bienenweide meint man Pflanzen, die bevorzugt von Honigbienen angeflogen werden und besonders reichhaltig Nektar und Pollen erzeugen. Zu Recht wird die Zitronenmelisse neben der Nutzung als Gewürz- und Heilpflanze bis heute als geschätzte Bienenweide eingesetzt.

Aromatik

Melisse duftet, nomen est omen, stark nach Zitrone und schmeckt zartbitter bis süß und auch ein wenig scharf. In Teezubereitungen und in der Kulinarik hält sich das Aroma jedoch angenehm im Hintergrund und ist nicht so aufdringlich säuerlich wie echte Zitrone oder Lemongrass.

Anwendung

Die Melisse ist traditionell als Teepflanze in Verwendung, vor allem in Kombination mit anderen Heilkräutern. In der Kulinarik findet sie wenige Anwendungen, passt aber sowohl als frisches Blatt wie auch in gehackter und getrockneter Form als ideale Ergänzung in alle Speisen, die mit Zitronensaft abgeschmeckt werden. Die Blätter würzen, frisch oder getrocknet, Kräutersoßen, Suppen und Gemüse, wobei längeres Mitkochen oder allzu feines Zerkleinern der Blätter dem edlen Aroma schadet. Geschmacklich auch interessant sind asiatische Kombinationen mit Ingwer oder Galgant oder mit mediterranen Kräutern wie Basilikum oder Thymian. Besonders gut schmecken sie frisch geschnitten im Salat. Gemeinsam mit Waldmeister und Minze ist Melisse die ideale Ergänzung in der Maibowle.

Würzanwendungen im veganen Küchenalltag

Beim veganen Kochen mit Gewürzen gilt wie immer in der Küche, den persönlichen Vorlieben genügend Raum zur Entfaltung zu geben und damit, basierend auf dem eigenen Geschmacksempfinden, die Würzung nach Bedarf anzupassen. Dieser Rat bezieht sich nicht nur auf die angeführte Mengenangabe eines bestimmten Gewürzes, die entsprechend variiert werden kann und soll. Gleichermaßen gilt das Gesagte für die in Rezeptform vorgestellten Kombinationsmöglichkeiten der Gewürze mit den pflanzlichen Hauptzutaten selbst. Um ein konkretes Beispiel zu nennen: Es unterstreicht die Geschmacksidentität und bringt die höchstmögliche Aromenentfaltung zur Geltung, das Gewürz Oregano auf die Hauptingredienz Tomate treffen zu lassen – wie in der Zubereitung Griechische Schmetterlinge ab Seite **146**. Es ist aber selbstverständlich nicht die einzige Anwendungsmöglichkeit für dieses mediterrane Würzkraut. Genauso gut ist es zulässig, Oregano mit jeglichem anderen Gemüse zusammenzuspannen, von Auberginen über Brokkoli bis zu Paprika oder Zucchini. Denn Kreativität ist in der Kulinarik schließlich nichts anderes als pure Aromenkombination.

Das ist allerdings nicht immer einfach, da viele Gewürze nicht so eindeutig und durchgängig schmecken wie süßer Zucker oder scharfe Chilis. Dabei können Würzanwendungen wertvolle Hilfe bei der täglichen Verwendung von Gewürzen leisten. Sie bieten Orientierung bei der Wahl der richtigen Gewürze pro Gericht (**Was?**), bei der richtigen Vorbereitung vor dem Kochen (**Wie?**) und beim zeitlich passenden Einsatz während des Kochprozesses (**Wann?**).

Als grobe Faustregel kann man beim Würzen festhalten:

- Frische Gewürze (wie Basilikum) und gemahlene Gewürze (wie Muskatnuss) kommen erst am Ende der Zubereitung ins Essen.
- Getrocknete Gewürze (wie Oregano) und ganze Gewürze (wie Pfeffer) können von Beginn an mit in den Kochtopf gegeben werden.

Zu den Rezepten

Die in den Zutatenlisten angeführten und in den Zubereitungen verwendeten Lebensmittel sind, ohne dass dies gesondert vermerkt ist, allesamt von veganer Qualität. Dies bezieht sich genauso auf den eingesetzten Essig, Wein, Orangen- und Apfelsaft, das Paniermehl, das Toast- und Weißbrot, die Brötchen, die Nudeln etc., die alle zumeist im herkömmlichen Supermarkt in tierproduktfreier Form erhältlich sind.

Alle Zutaten wurden selbst gekauft, jedes Rezept von den Autoren selbst gekocht und auf die Praxistauglichkeit überprüft. Die Mengenangaben sind, wenn nicht anders angeführt, auf vier Personen ausgerichtet. Als Quellen der Gewürzeinkäufe dienten lokale Gewürzvertreiber in Österreich und Deutschland, womit gewährleistet ist, dass auch wirklich alle beschriebenen Gewürze und Kräuter über verlässliche Bezugsquellen käuflich erworben werden können. Nicht alle Gewürze gibt es jedoch in den Regalen herkömmlicher Supermärkte, einige findet man nur in spezialisierten Gewürz- und Kräuterläden oder in auf Heilkräuter spezialisierten Apotheken.

Was Koch- und Garzeiten betrifft, so sind die angegebenen Werte bei der Zubereitung mit einem Elektroherd entstanden. Diese können daher zur Orientierung dienen, sollten aber um vorhandene Erfahrungen mit dem eigenen Herd ergänzt und nötigenfalls angepasst werden. Ebenso ist bei Nichtvorhandensein eines bestimmten Kochbehältnisses oder Küchenhelfers immer die Verwendung der nächstmöglichen Annäherung ratsam.

Aromanoten – Würzen von mild bis wild

Die Nutzung der Aromatik von Gewürzen stellt eine der wesentlichen Bestandteile der Kulinarik dar. Jedes Gewürz bringt dabei sein ureigenes Geschmacksprofil, seine grundlegende Würzintensität, sein unverwechselbares Aroma in ein Kochrezept. Damit definiert sich eine eigene Würzkategorie, die im vorliegenden Gewürzbuch anhand einer zehnteiligen Skala nach Aromanoten eingeteilt wird, ausgehend von mild über harmonisch bis wild und extrem. Dabei steht bei jedem Gewürz die Kombination aus Geschmack, Geruch und Wirkung in einer Speise im Mittelpunkt, als eine Richtlinie entlang folgender Geruchs- und Geschmackskomponenten von Gewürzen:

- Würzkraft und Wahrnehmbarkeit in der fertigen Speise
- Komplexität und Vielschichtigkeit in Ergänzung zu anderen Zutaten
- positiver Aromenträger am Ende des Kochprozesses

Aber da Geschmack zum Glück individuell ist und schwer standardisiert werden kann, geben die Aromanoten auch nur einen persönlichen Eindruck beider Autoren zu allen beschriebenen Rezepten wieder, basierend auf der langjährigen sensorischen und kulinarischen Erfahrung im täglichen Umgang mit ebendiesen Gewürzen.

Und nun viel Spaß beim Nachkochen!

P.S.: Die Gliederung der Rezepte erfolgte in alphabetischer Reihenfolge der veganen Hauptzutaten, von A wie Amaranth bis Z wie Zwiebel.

Orientalischer Amaranthsalat

AROMANOTE
1 2 3 4 5 6 **7** 8 9 10
mild – harmonisch – wild – extrem

Zutaten

150 g	Amaranth
350 ml	Gemüsebrühe
250 g	Kirschtomaten, gewaschen, geviertelt
2	Jungzwiebeln, geputzt, gewaschen, in Ringe geschnitten
½	Salatgurke, geschält, würfelig geschnitten
1	kleiner Bund Radieschen, geputzt, gewaschen, würfelig geschnitten
	Salz
	Schwarzer Pfeffer, frisch gemahlen
	Saft zweier Limetten
5 EL	Olivenöl
1 Bund	frische Minze, gewaschen, trocken getupft, in Streifen geschnitten

Zubereitung

1. Den Amaranth über Nacht in reichlich Wasser einweichen. Vor der geplanten Zubereitung abseihen.
2. Die Gemüsebrühe aufkochen, den Amaranth einstreuen und alles nochmals aufkochen lassen. Die Hitze reduzieren und den Amaranth rund 20 Minuten köcheln lassen. Ist er fertiggekocht, Topf vom Herd ziehen und Amaranth auskühlen lassen.
3. Inzwischen in einer Schüssel Kirschtomaten, Jungzwiebeln, Gurken- und Radieschenwürfel miteinander vermischen und dann den ausgekühlten Amaranth unterheben. Aus Salz, Pfeffer, Zitronensaft und Öl eine Marinade bereiten, die in Streifen geschnittene Minze dazugeben und alles über dem Amaranthsalat verteilen. Für 30 Minuten ziehen lassen und servieren.

Extratipp

Amaranth mit seinem etwas nussigen, leicht bitteren Geschmack ist ein sehr guter Gegenspieler zu Minze. Der glutenfreie Getreideersatz wird von der intensiven Würzkraft des Krauts hochspannend. Knackige Zutaten wie Tomate, Gurke, Radieschen und Jungzwiebel verstärken nicht nur den Frischekick der gesamten Speise, sondern sorgen für eine abwechslungsreiche Mundhaptik, die durch das Pseudogetreide alleine nicht zu erzielen wäre. Geschmacklich dominiert die Minze mit ihrem anfangs etwas brennenden, hernach aber kühlenden, zitronigen Charakter.

Scharfes Ananascurry

AROMANOTE

1 2 3 4 5 6 7 8 **9** 10

mild - harmonisch - wild - extrem

Zutaten

2	Ananas
2 EL	Pflanzenöl
50 g	Zwiebel, geschält, gehackt
einige	Curryblätter, gemörsert
1	Stängel Lemongrass, gehackt
6	rote Chilis (z. B. Thai-Chilis), 2 davon ganz, 4 gehackt
2 TL	Cayenne-Chilipulver
2 TL	edelsüßes Paprikapulver
1 TL	Senfsaatpulver
1 TL	Kurkuma, gemahlen
	Salz
400 ml	Kokosmilch
1 TL	Fenchelsaat

Zubereitung

1. Ananas der Länge nach halbieren, das Fruchtfleisch herausnehmen und in Würfel schneiden. Die ausgehöhlten Hälften beiseitestellen.
2. Das Öl in einer Pfanne erhitzen und darin Zwiebel, Curryblätter, Lemongrass und die Chilis anrösten. Ananasstücke, Chilipulver, Paprikapulver, Senfsaatpulver, Kurkuma und Salz dazugeben und so lange kochen, bis die Ananasstücke weich sind.
3. Vom Herd nehmen, Kokosmilch untermischen und mit Fenchel bestreuen. Nochmals rund 10 Minuten köcheln und zum Schluss in die ausgehöhlten Ananashälften füllen und mit je einer Chilischote garniert servieren.

Extratipp

Man täte der Chili unrecht, würde man sie ausschließlich als Schärfegeber einsetzen. Neben ihrer – zumindest in Mitteleuropa – vorrangig bekannten Eigenschaft leistet sie nämlich beste Dienste als wärmende und aromagebende Zutat. Ihre Verwendung kann, neueren Studien aus China zufolge, sogar den Einsatz von Salz reduzieren helfen. Neben pikanten Gerichten verleiht sie auch süßen Speisen eine spannende Note. In Kombination mit Ananas passen aromatisch eher dezente Chilis, wie Thai- und/oder Cayenne-Chili, die den exotischen Geschmack der Frucht unterstreichen, ohne ihn zu überdecken. Die Schärfe selbst wird durch die ergänzende Beigabe von Kokosmilch abgerundet und perfekt in das Gericht samt seinen anderen Gewürzen eingebunden.

BRATAPFEL MIT VANILLESOSSE

AROMANOTE

1 2 3 4 5 6 7 8 **9** 10

mild – harmonisch – wild – extrem

Zutaten

200 ml	Orangensaft
75 g	getrocknete Cranberrys
1 EL + 50 g	Rohrohrzucker
1	walnussgroßes Stück frischer Ingwer, geschält, fein geraspelt
1	Zimtstange
1	Prise Nelkenpulver
6 EL	geriebene Mandeln
4	Äpfel (z. B. Boskop oder eine andere mild-säuerliche Sorte), gewaschen, vom Kerngehäuse befreit
500 ml	Mandelmilch, ungesüßt
1	Vanilleschote, längs halbiert, das Mark herausgekratzt
1	Päckchen Vanillezucker
1 EL	Maisstärke

Zubereitung

1. Den Orangensaft in einem Topf erhitzen, die getrockneten Cranberrys, 1 Esslöffel Zucker, den Ingwer, die Zimtstange und das Nelkenpulver beigeben und alles köcheln lassen, bis eine kompottartige Konsistenz entsteht. Zimtstange dann wieder entfernen. Inzwischen die geriebenen Mandeln in einer Pfanne ohne Fett goldgelb rösten und diese danach mit der Cranberrymarmelade vermischen.
2. Den Backofen auf 180° Umluft vorheizen. Die Cranberry-Mandel-Füllung in die ausgehöhlten Äpfel geben. Aus Alufolie für die Äpfel eine Art Nest formen und diese einzeln hineinsetzen. In einer feuerfesten Form im heißen Ofen auf mittlerer Schiene 25 Minuten backen.
3. In der Zwischenzeit Vanilleschote und -mark mit Mandelmilch, 50 Gramm Zucker und Vanillezucker aufkochen. 10 Minuten köcheln lassen, dann den Topf vom Herd ziehen, die Vanilleschote entfernen und 3 Esslöffel der Flüssigkeit entnehmen, um diese in einem separaten Gefäß mit der Maisstärke zu verrühren. Diese Mischung dann in die Vanille-Mandelmilch zurückgießen und alles etwas andicken lassen.
4. Die fertigen Bratäpfel mit der Folie auf einen Teller setzen, mit der heißen Vanillesoße übergießen und sofort servieren.

Extratipp

Dieses Gericht begeistert Jung wie Alt, zumal die süße, duftige Vanille hervorragend mit dem zart-säuerlichen warmen Bratapfel harmoniert. Verstärkt wird die gegensätzliche Wirkung durch die süß-säuerliche Cranberry-Füllung des Apfels, der lieblichen, üppig anmutende Vanillesoße einen starken Kontrast entgegenstellt. Dem Gaumen wird so ein spannungsgeladenes Geschmacksspiel geboten, in dem die Königin der Gewürze den längeren Nachhall für sich verbuchen darf.

Artischocke im Thymian-Aufguss

AROMANOTE

1 2 3 4 5 6 **7** 8 9 10

mild – harmonisch – wild – extrem

Zutaten

	Olivenöl zum Anbraten
1	Zwiebel, geschält, würfelig geschnitten
3	Karotten, geputzt, geschält, gestiftelt
1	großer Schuss Essig
1	großer Schuss Weißwein
	Salz
	Schwarzer Pfeffer, frisch gemahlen
2 TL	Thymian, getrocknet, gerebelt (alternativ: 2 Zweige frischer Thymian)
10	Kirschtomaten, gewaschen, geviertelt
10	eingelegte Tomaten, abgetropft, in Streifen geschnitten
8	Artischocken
	Saft einer Limette

Zubereitung

1. Das Olivenöl in einem Topf erwärmen, die Zwiebelwürfel darin glasig anbraten. Die Karotten hinzufügen und etwas mitbraten. Mit Essig und Wein ablöschen. Mit Salz, Pfeffer und Thymian würzen. Dann Kirschtomaten und eingelegte Tomaten hinzufügen und alles 15 Minuten auf kleiner Flamme einköcheln lassen.
2. In dieser Zeit die Artischocken längs halbieren und die Schnittflächen mit Limettensaft einreiben. Mit der Schnittfläche nach unten in eine Auflaufform legen. Den Backofen auf 150 Grad Ober- und Unterhitze vorheizen.
3. Den fertigen Gewürzsud über die Artischocken gießen, sodass diese gut bis zur Hälfte der Höhe von Flüssigkeit umgeben sind. Nötigenfalls noch etwas mehr Wein oder Wasser nachgießen.
4. Im vorgeheizten Backrohr bei 150 Grad etwa 1,5 Stunden garen. Heiß oder kalt servieren. Dazu passen Kartoffeln oder auch Weißbrot.

Extratipp

Dem leicht bitteren, herben Geschmack von Artischocken verpasst der mediterrane Thymian eine blumige, an Kräuter erinnernde, ätherische Ausprägung. Das Würzkraut bildet jedenfalls eine zart säuerliche – zitronige Nuance aus, die der Artischocke einige Grade ihrer Schwerfälligkeit nimmt. Dadurch wird das Gericht zu einem hocharomatischen, nachhaltigen Geschmackserlebnis, das gut und gerne in den warmen Süden passt, wo man den würzigen Kräuter-Gemüse-Sud unbedingt mit einem knusprigen Weißbrot auftunken würde.

Avocado-Meerrettich-Creme

AROMANOTE

1 2 3 4 5 6 **7** 8 9 10

mild – harmonisch – wild – extrem

Zutaten

3	reife Avocados
	Saft einer Limette
3 EL	Meerrettich, frisch gerieben
	Salz
	Schwarzer Pfeffer, frisch gemahlen
1 Prise	Rohrohrzucker
50 ml	kalte Gemüsebrühe

Zubereitung

Die Avocados halbieren, Kerne entfernen und mit einem kleinen Löffel das Fruchtfleisch aus der Schale lösen. In einer Schüssel mit einer Gabel zerdrücken, mit dem Zitronensaft beträufeln, um eine Verfärbung zu verhindern. Dann den Meerrettich und die anderen Gewürze unterrühren und mit der Gemüsebrühe vermischen. Zum Schluss nochmals abschmecken und als Dip mit Gemüsesticks oder zu knusprigem Brot servieren.

Extratipp

Zur cremigen, mild-buttrig schmeckenden Avocado harmoniert frisch geriebener Meerrettich perfekt. Sein intensiv-scharfes Aroma nimmt in der Creme selbstbewusst die Führung für sich in Anspruch, rundet den Eigengeschmack der Beere – streng botanisch betrachtet ist die Avocado kein Gemüse, sondern eher ein Obst – auf interessante Weise ab. Die Creme eignet sich hervorragend als geschmackvoller Dip für Gemüsesticks oder auch als schmackhafter Brotaufstrich.

SPINAT-FRIKADELLEN

AROMANOTE

1 2 3 4 5 **6** 7 8 9 10

mild - harmonisch - wild - extrem

Zutaten

4	große mehlige Kartoffeln, gewaschen
	Salz
500 g	Tiefkühlblattspinat
2	große grüne Chilischoten, entstielt, längs halbiert, entkernt, fein gehackt
10 EL	Kichererbsenmehl
3 EL	getrocknete Ajowanfrüchte (Ajowansamen)
	etwas Kichererbsenmehl zum Panieren
	Olivenöl zum Herausbacken

Zubereitung

1. Die Kartoffeln in einem Topf mit Salzwasser bedecken, zum Kochen bringen und so lange kochen, bis sie weich sind.
2. Inzwischen den Tiefkühlblattspinat mit ein wenig Wasser und einer Prise Salz in einen Topf geben und bei geringer Hitze auftauen. Durch ein Sieb abgießen, abkühlen lassen, ausdrücken und grob schneiden.
3. Die Kartoffeln abgießen, kalt abschrecken, schälen und in einer Schüssel fein zerdrücken. Chili, Spinat, 10 Esslöffel Kichererbsenmehl, Ajowan und 1 schwachen Teelöffel Salz unter die Kartoffelmasse mischen und kneten. Bei Bedarf noch etwas Kichererbsenmehl dazugeben, bis die Masse nicht mehr zu nass, sondern gut formbar ist. Daraus Kugeln von gewünschter Größe formen und diese zu Laibchen flach drücken.
4. Zum Panieren das Kichererbsenmehl in einen tiefen Teller geben und die Frikadellen darin auf beide Seiten wenden. Reichlich Öl in einer Pfanne erhitzen und die Frikadellen darin portionsweise von jeder Seite 3 Minuten backen. Je nach Geschmack heiß oder lauwarm genießen.

Extratipp

In der indischen Küche ist Ajowan als Ajwain, ausgesprochen Adschwain, bekannt. Dort ist der Königskümmel in vielerlei Gerichten unverzichtbar. Er wird auch besonders gerne mit Gemüse kombiniert, etwa mit Spinat, Zucchini, Auberginen etc., deren Eigengeschmack eher hintergründig ist. Gibt man ihn zu Beginn des Kochprozesses bei, wird seine betäubende Wirkung gemildert und sein thymianartiges Aroma tritt in den Vordergrund. Wer eine leicht scharfe Note, wie auch von Thymian oder Oregano bekannt, im Essen liebt, kann Ajowan durchaus kräftig dosieren.

GERÖSTETER BLUMENKOHL

AROMANOTE

1 2 3 4 5 6 7 **8** 9 10

mild - harmonisch - wild - extrem

Zutaten

1	großer Blumenkohl, vom Strunk befreit, gewaschen
6 EL	Olivenöl
1 TL	Langer Pfeffer, ganz

Zubereitung

1. Den Backofen auf 200 Grad Oberhitze vorheizen. In einem großen Topf reichlich Wasser zum Kochen bringen und Salz hinzufügen. Den Blumenkohl etwa 10 Minuten kochen, abseihen und gut abtropfen lassen.
2. Inzwischen den Langen Pfeffer in einer kleinen Pfanne einige Minuten anrösten, etwas abkühlen lassen und fein mörsern. In einer Schale mit 2 Esslöffeln Olivenöl vermischen und beiseitestellen.
3. Nun den Blumenkohl im Ganzen in eine feuerfeste Form einlegen. Mit dem restlichen Olivenöl beträufeln und im vorgeheizten Ofen etwa 10 Minuten braten. Danach den Backofen auf Grillfunktion schalten und den Blumenkohl nochmals 5 Minuten grillen. Wenn er fertig ist, mit dem Pfefferöl benetzen und sofort heiß servieren.

Extratipp

Der fein-milde Blumenkohl bekommt bereits durch das Braten seinen ersten interessanten Schliff, wodurch er vom unscheinbaren Gemüse zu einem spannungsgeladenen Geschmacksträger mutiert. Der final eingesetzte Lange Pfeffer vollbringt schließlich den Knalleffekt: Der Urpfeffer verströmt seine delikate Schärfe und süßlich-wärmende Aromatik, die den Röstblumenkohl zum verführerischen Hauptgericht veredelt, der keine geschmacklichen Wünsche offenlässt: süß, salzig, bitter, sauer und scharf. Mehr geht nicht.

BROKKOLI-AUFLAUF

AROMANOTE

1 2 3 4 5 **6** 7 8 9 10

mild – harmonisch – wild – extrem

Zutaten

2 EL	Erdnussöl
2	Schalotten, geschält, fein gewürfelt
2	Knoblauchzehen, geschält, fein gehackt
1	grüne Chili (z. B. Jalapeño), gewaschen, entstielt, in feine Ringe geschnitten
2 EL	helle Senfkörner, im Mörser gemahlen
200 ml	Kokosmilch
	Salz
	Schwarzer Pfeffer, frisch gemahlen
1 kg	Brokkoli, gewaschen
500 g	Süßkartoffeln, geschält, gar gekocht, in Scheiben geschnitten
2 EL	Kokosraspeln
1 TL	grobes Meersalz

Zubereitung

1. In einer Pfanne 1 Esslöffel Erdnussöl erhitzen und darin die Schalotten und den Knoblauch glasig anbraten. Die Jalapeño beigeben, das Senfpulver einstreuen, einmal durchrühren und mit Kokosmilch aufgießen. Mit Salz und Pfeffer würzen und 20 Minuten leise köcheln lassen, bis die Soße eine cremige Konsistenz hat.
2. Den unteren Abschnitt des Brokkolistrunks entfernen, den übrigen Strunk in mundgerechte Stücke schneiden, den Rest des Gemüses in Röschen zerpflücken. In einem großen Topf reichlich Wasser zum Kochen bringen, salzen und das Gemüse darin 5 Minuten kochen lassen. In ein Sieb gießen, mit eiskaltem Wasser abschrecken und gut abtropfen lassen. Den Backofen auf 180 Grad Ober- und Unterhitze vorheizen.
3. Inzwischen eine Auflaufform mit dem restlichen Erdnussöl einfetten, die Süßkartoffelscheiben so einlegen, dass der Boden der Form bedeckt ist, darauf die Brokkolistücke verteilen und die eingekochte Senf-Kokos-Soße darübergießen. Die Kokosraspeln mit dem Meersalz in einem Mörser vermischen und über dem Auflauf verteilen. Im Backofen etwa 20 Minuten backen.

Extratipp

Dieses spannende Gericht lässt sich genauso gut mit Braunem oder Schwarzem Senf zubereiten, man muss sich dann aber auf ein noch intensiveres Geschmackserlebnis gefasst machen. Prinzipiell erfüllt auch der Weiße Senf in der Speise die Aufgabe eines intensiven Aromagebers, der in Kombination mit der eingesetzten Chili einen scharfen Gegenpol zur süßlichen Komponente, die durch Süßkartoffeln, Kokosmilch und Kokosraspeln entsteht, bildet.

OFEN-CHAMPIGNONS MIT LIEBSTÖCKELPESTO

AROMANOTE

1 2 3 4 5 **6** 7 8 9 10

mild - harmonisch - wild - extrem

Zutaten

80 g	frischer Liebstöckel, gewaschen
40 g	frische Petersilie, gewaschen
50 g	Pinienkerne
2 EL	frische rote Chilis, entstielt, entkernt, fein gehackt
8	getrocknete Tomaten in Öl, abgetropft, klein geschnitten
80 ml + 4 EL	Olivenöl
	Salz
	Grüner Pfeffer, frisch gemahlen
12	Riesenchampignons, gewaschen, trockengetupft

Zubereitung

1. Die frischen Kräuter in einen Topf mit kaltem Wasser geben und aufkochen. Kurz mit Eiswasser abschrecken, das Wasser herauspressen, mit Küchenpapier vollständig trockentupfen, die Blätter von den Stängeln zupfen und klein schneiden.
2. Inzwischen die Pinienkerne in einer kleinen Pfanne ohne Fett anrösten, etwas abkühlen lassen. In einem hohen Gefäß die Kräuter, die Pinienkerne, die Chilis, die getrockneten Tomaten und 80 Milliliter Öl mit einem Stabmixer pürieren. Mit Salz und Pfeffer pikant abschmecken.
3. Den Backofen auf 200 Grad Ober- und Unterhitze vorheizen. Die Stiele der Champignons herausdrehen, diese fein hacken und unter das Liebstöckelpesto heben. Eine Auflaufform mit 1 Esslöffel Olivenöl einfetten, die Champignonhüte hineinsetzen und mit dem Liebstöckelpesto füllen.
4. Das restliche Olivenöl über die gefüllten Champignons träufeln, diese circa 15 Minuten im vorgeheizten Backofen backen und noch heiß servieren.

Extratipp

In Pilzgerichten wie diesem ist Liebstöckel ein unverzichtbarer Begleiter. Das Maggikraut stellt mit seiner intensiven, süßlichen Sellerienote nicht nur einen optimalen Aromageber für die Champignons dar, sondern verbessert gleichzeitig die Verdaulichkeit der eher deftigen Speise. Durch die Kombination mit Petersilie, getrockneten Tomaten und Pinienkernen erhält der Liebstöckel geschmacklich eine vergleichsweise mediterrane Ausrichtung, die sehr gut zu seinem Charakter passt.

PIKANTE ERDBEEREN MIT AROMAZUCKER

AROMANOTE

1 2 3 4 5 6 **7** 8 9 10

mild - harmonisch - wild - extrem

Zutaten

6	grüne Kardamomkapseln
4	Gewürznelken, ganz
½ TL	gemahlener Zimt
½ TL	Ingwer, frisch gemahlen
1 Prise	Muskatnuss, frisch gerieben
1 Prise	getrocknete Orangenschale
200 g	Rohrohrzucker
500 g	Erdbeeren, gewaschen, entstielt, geviertelt
3 EL	Crema di Balsamico
1 ½ TL	Schwarzer Pfeffer, ganz

Zubereitung

1. Die Samen aus den Kardamomkapseln schälen und diese zusammen mit den Gewürznelken im Mörser fein zerstoßen. Mit Zimt, Ingwer, Muskatnuss sowie der Orangenschale mischen. Abschließend gut mit dem Rohrohrzucker vermengen und in ein verschließbares Glas füllen. Nochmals durchschütteln und ein bis zwei Wochen durchziehen lassen. Nach dieser Ruhepause ist der Aromazucker bereit für seinen Einsatz.
2. Die Erdbeeren in eine Schüssel geben, vorsichtig mit 4 Esslöffeln des Aromazuckers und Crema di Balsamico mischen. Abgedeckt und gekühlt 1 gute Stunde durchziehen lassen.
3. Gegen Ende dieser Zeit den Schwarzen Pfeffer in einem Mörser grob zerstoßen und mit den marinierten Erdbeeren vermischen. Nochmals einige Minuten ruhen lassen. In Dessertschalen anrichten, mit je einem Basilikumblatt garnieren und servieren.
4. Der übrige Aromazucker kann sehr gut zum Süßen von (Heiß-)Getränken, weiteren Süßspeisen, aber auch zum Unterstreichen des Eigenaromas von Gemüse, Nudeln oder Reisgerichten verwendet werden.

Extratipp

Süß und scharf – das ist eine Versuchung wert. In dieser Zubereitung erwartet den Gaumen ein spannungsgeladenes Feuerwerk, das durch das Zusammentreffen von Fruchtsüße aus der Erdbeere, komplexer, exotischer Aromatik aus dem Würzzucker sowie der kühlenden Schärfe des Schwarzen Pfeffers entfacht wird. Die an Minze erinnernde Note des Pfeffers verleiht dem Dessert eine leichte Beschwingtheit und verbessert die Verdaulichkeit am Ende eines Menüs.

Gratinierter Fenchel aus dem Ofen

AROMANOTE

1 2 3 4 5 6 7 8 **9** 10

mild - harmonisch - wild - extrem

Zutaten

4	Fenchelknollen, geputzt, gewaschen
	Salz
½	altbackenes Weißbrot (2 helle Brötchen vom Vortag), in Scheiben geschnitten
100 ml	Olivenöl, bei Bedarf mehr
1	Knoblauchzehe, geschält, halbiert
1 TL	Kubebenpfeffer, im Mörser zerstoßen
4	große Tomaten, gewaschen, entstielt, würfelig geschnitten

Zubereitung

1. Einen Topf einige Zentimeter hoch mit Wasser füllen, dieses zum Kochen bringen und Salz hinzufügen. In dieser Zeit welke oder unschöne Teile des Fenchels wegschneiden, das Grün abschneiden, zerkleinern und beiseitestellen. Die Knollen jeweils vierteln, den Strunk schräg abschneiden und die Fenchelviertel in das kochende Wasser einlegen. Bei geschlossenem Deckel rund 5 Minuten kochen lassen, dann abseihen und gut abtropfen lassen.

2. Von den Weißbrotscheiben das Innere, Weiße herauslösen und grob über einer Schüssel zwischen den Handflächen zerreiben. Inzwischen das Öl in eine Pfanne gießen – es sollte etwa einen Zentimeter hoch stehen – und erhitzen. Die halbierte Knoblauchzehe beigeben und mitbraten, bis sie braun wird, dann entfernen. Nun die Brotkrümel in das Öl geben und braten, bis sie hellbraun sind. Ebenfalls entnehmen und auf Küchenpapier abtropfen lassen. Das Bratöl beiseitestellen.
3. Den Backofen auf 200 Grad Oberhitze vorheizen. Die Fenchelviertel in eine feuerfeste Form schlichten, salzen, mit dem Kubebenpfeffer würzen und mit den gerösteten Brotkrümeln bestreuen. 4 Esslöffel des Bratöls über dem Fenchel verteilen und das Ganze im vorgeheizten Backofen etwa 25 Minuten auf der mittleren Schiene gratinieren, bis die Brotkrümelmischung schön gebräunt ist. Zum Schluss mit dem zerkleinerten Fenchelgrün bestreuen und servieren.

Extratipp

Der geschmacklich an Eukalyptus und Minze erinnernde Kubebenpfeffer bildet zum leicht süßlichen, anisartigen Charakter des Fenchels einen kräftigen Gegenpart. Das Gemüse benötigt einen starken Partner, um nicht allzu dominant im Vordergrund zu stehen. Durch das Gratinieren im Ofen gerät der Fenchel dezent und der Kubebenpfeffer entwickelt neben seinem mentholigen, zitronigen Geschmack eine gewisse Schärfe, die an Piment denken lässt.

GRÜNE BOHNEN INDISCHE ART

AROMANOTE

1 2 3 4 **5** 6 7 8 9 10

mild – harmonisch – wild – extrem

Zutaten

2 EL	Maiskeimöl
2	Knoblauchzehen, geschält, gepresst
1	Stück frischer Ingwer (circa 5 cm groß), geschält, ganz fein gehackt
2	rote Chilis (z. B. Piri-Piri), gewaschen, entstielt, entkernt, fein gehackt
2 TL	Bockshornkleesamen, ganz
1 TL	Koriandersamen, ganz
1 TL	Brauner Senfsamen, ganz
800 g	grüne Bohnen
200 ml	Kokosmilch
1	kleiner Bund Koriander, gewaschen, trocken geschüttelt, fein gehackt

Zubereitung

1. Das Öl in einer großen Pfanne erhitzen, den Knoblauch, den Ingwer und die Gewürze hinzufügen. Alles verrühren und etwa 2 Minuten anbraten.
2. Die Bohnen beigeben, alles vermischen und unter gelegentlichem Umrühren rund 5 Minuten garen, bis die Bohnen bissfest sind. Nun die Kokosmilch hineingießen und weitere 5 Minuten köcheln, bis ein Großteil der Flüssigkeit eingekocht ist. Zum Schluss den fein gehackten Koriander unterheben und heiß servieren.

Extratipp

Durch das gemeinsame Anrösten mit den anderen Gewürzen baut der Bockshornklee sein intensiv-würziges Aroma auf. Dem milden und eher neutralen Geschmack grüner Bohnen verpasst er einen spannenden, leicht bitteren Akzent, der um schärfende Elemente wie Brauner Senfsamen, Chili und Ingwer ergänzt wird.

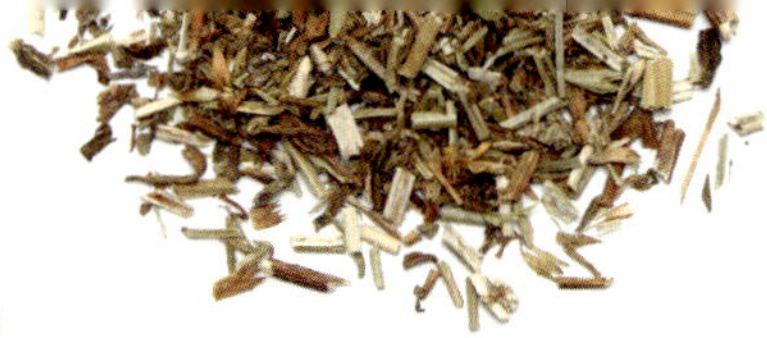

GESCHMORTE JUNGZWIEBELN MIT KARAMELL-CASHEWS

AROMANOTE

1 2 3 4 **5** 6 7 8 9 10

mild - harmonisch - wild - extrem

Zutaten

1 EL	getrockneter Ysop
4 EL	Olivenöl
3	Bund Jungzwiebeln, geputzt, Rand abgeschnitten, gewaschen
150 ml	Gemüsebrühe
	Salz
	Schwarzer Pfeffer, grob, frisch gemahlen
4 EL	Rohrohrzucker
½ TL	Cayennepulver, wenn schärfer gewünscht, auch mehr
4 EL	Cashewkerne

Zubereitung

1. Den Backofen auf 150 Grad Ober- und Unterhitze vorheizen. Den Ysop mit dem Olivenöl verrühren. Vom Grün der Jungzwiebel einige Röllchen abschneiden und für später als Dekoration beiseitelegen. Nun die Jungzwiebeln in eine Auflaufform schichten und mit der Gemüsebrühe übergießen. Die Ysop-Öl-Mischung darüber verteilen. Mit Salz und Pfeffer würzen und die Auflaufform mit einem Deckel oder Alufolie abdecken.

2. Die Jungzwiebeln im vorgeheizten Backofen rund 30 Minuten schmoren. Inzwischen in einer Pfanne den Zucker vorsichtig karamellisieren lassen, das Chilipulver behutsam einrühren, die Cashewkerne hinzufügen und rühren, sodass die Kerne von der Zucker-Chili-Masse umhüllt werden. Die ummantelten Cashews auf ein Backpapier legen und einige Minuten am Ende der Garzeit der Jungzwiebeln mit in den Backofen geben.

3. Sind die Jungzwiebeln fertig geschmort, auch die karamellisierten Cashewkerne aus dem Backofen nehmen, etwas abkühlen lassen und mit einem Messer grob zerhacken – am besten dabei Handschuhe tragen, damit man nicht direkt mit dem Chilipulver in Berührung kommt. Die gehackten Karamell-Cashews über den Jungzwiebeln verteilen, die Jungzwiebelröllchen darüberstreuen und alles heiß servieren.

Extratipp

Während die Jungzwiebeln im Zuge der warmen Zubereitung anmutige, süßliche Noten entwickeln, verströmt der Ysop parallel dazu seine vielschichtigen Akzente, die an mediterrane Würzkräuter wie Oregano, Rosmarin und Salbei erinnern. Diese herben Töne bilden einen perfekten Gegensatz zum süßlich-zwiebeligen Grundgeschmack der Speise. Gleichzeitig verbessert der Ysop die Verdaulichkeit der Zwiebeln.

KARTOFFEL-HAFERFLOCKEN-REIBEKUCHEN

AROMANOTE

1 2 3 4 5 6 7 8 9 10

mild - harmonisch - wild - extrem

Zutaten

1 kg	Kartoffeln, geschält, gekocht, abgekühlt
1	Tasse Haferflocken
	Salz
	Schwarzer Pfeffer, frisch gemahlen
1	große Prise Muskatnuss, frisch gerieben
	Olivenöl zum Braten
2	getrocknete Chilischoten (z. B. Piri-Piri)

Zubereitung

1. Die Kartoffeln in einer Schüssel zerstampfen, mit den Haferflocken mischen und mit den Gewürzen kräftig abschmecken. Daraus Frikadellen formen.
2. In einer Pfanne das Olivenöl erhitzen, die Chilis kurz mitbraten, damit sie eine leichte Schärfe abgeben, und dann wieder entfernen. Nun die Frikadellen im heißen Öl von beiden Seiten braten. Herausheben, auf Küchenpapier abtropfen lassen und auf vorgewärmten Tellern servieren.

Extratipp

Abgesehen davon, dass sich das Rezept wunderbar zur Verwertung von am Vortag übrig gebliebenen Kartoffeln eignet, ist die kräftige Prise Muskatnuss hier geschmacklich unverzichtbar. Sie verleiht der Speise ihre unverkennbare Note, die zwischen süßlich-harzig und leicht scharf angesiedelt ist.

Kichererbsen-Gemüse

Zutaten

400 g	Kichererbsen (aus der Dose)
4 EL	Sonnenblumenöl
2	Zwiebeln, geschält, fein gewürfelt
2	Knoblauchzehen, geschält, fein gehackt
1	Stück frischer Ingwer (circa 2 cm groß), geschält, fein gehackt
1 TL	Kreuzkümmelsamen, ganz
½ TL	Kurkumapulver (oder 10 g frische Kurkuma, geschält, klein gehackt)
¼ TL	Garam Masala
½ TL	Koriandersamen, gemahlen
250 g	Tomaten, entstielt, in Würfel geschnitten
	Salz
	Schwarzer Pfeffer, frisch gemahlen
½ TL	Rohrohrzucker
	frischer Koriander, gehackt, nach Geschmack

Zubereitung

1. Die Kichererbsen in ein Sieb gießen, mit Wasser abspülen und gut abtropfen lassen.
2. Das Öl in einem Topf erhitzen, darin die Zwiebeln unter Rühren goldbraun braten. Knoblauch, Ingwer und Kreuzkümmelsamen dazugeben und 1 Minute mitbraten.
3. Die gemahlenen Gewürze dazugeben und 30 Sekunden mitrösten. Die Tomaten hinzufügen, salzen, pfeffern und unter Rühren bei starker Hitze circa 10 Minuten braten, bis das Öl anfängt, sich abzusetzen. Zucker und Kichererbsen unterrühren und bei schwacher Hitze zugedeckt 5 Minuten ziehen lassen.
4. Nach Belieben mit gehacktem Koriander bestreuen und servieren.

Extratipp

Der Kreuzkümmel bildet mit seinen Noten von Anis und Zitrone eine spannende Ergänzung zum nussigen Geschmack der Kichererbse. Er behält in dieser Speise einerseits seinen unverwechselbaren Charakter, geht aber andererseits auch eine verführerische Kombination mit den anderen verwendeten Gewürzen ein. Die eher milde Kichererbse bietet dem kräftigen Aromengeber Kreuzkümmel, zumal in Form der ganzen, geschmacklich intensiven Samen verwendet, daher die beste Bühne.

Kohlrabiauflauf mit Tasmanischem-Pfeffer-Pesto

AROMANOTE

1 2 3 4 5 6 **7** 8 9 10

mild - harmonisch - wild - extrem

Zutaten

300 g	getrocknete Tomaten in Öl, abgetropft
50 g	Pinienkerne
2	Knoblauchzehen, geschält, halbiert
30 g	frisches Basilikum, gewaschen, trocken getupft
2 TL	Tasmanischer Pfeffer, im Mörser angestoßen
4 EL + 2 EL	Olivenöl
	Meersalz
4	Kohlrabi, geschält, gewaschen, in Scheiben geschnitten
500 g	festkochende Kartoffeln, geschält, gekocht, in Scheiben geschnitten

Zubereitung

1. Für das Pesto Tomaten, Pinienkerne, Knoblauch, Basilikum und Tasmanischen Pfeffer in ein hohes Gefäß geben und mit dem Stabmixer pürieren. Für eine cremige Konsistenz 4 Esslöffel Olivenöl einrühren, nötigenfalls auch mehr, damit das Pesto schön streichfähig wird. Mit Meersalz abschmecken.
2. Den Kohlrabi in Salzwasser bissfest kochen, abseihen, dabei 100 ml des Kohlrabiwassers auffangen und für die spätere Verwendung beiseitestellen. Den Backofen auf 150 Grad Ober- und Unterhitze vorheizen.
3. Währenddessen eine feuerfeste Auflaufform mit dem restlichen Olivenöl ausstreichen und mit den Kartoffelscheiben auslegen. Mit der Hälfte des Pestos bestreichen, mit den Kohlrabischeiben belegen und diese mit dem Rest des Pestos bestreichen. Die übrige Garflüssigkeit des Kohlrabis über den Auflauf gießen, mit Alufolie abdecken und diesen im heißen Backofen 15 Minuten backen. Sofort servieren.

Extratipp

Zum süßlichen, nussigen, aber für manche auch gewöhnungsbedürftigen Geschmack von Kohlrabi bildet Tasmanischer Pfeffer mit seinem wacholderartigen Aroma einen extravaganten Gegensatz. Indem der Australische Pfeffer in ein mediterran anmutendes Pesto eingearbeitet wird, setzt man dem leicht kohlartig mundenden Gemüse einen frischen Akzent entgegen.

TOM-KHA-GAI-KOKOSSUPPE

AROMANOTE

1 2 3 4 5 6 7 8 9 10

mild - harmonisch - wild - extrem

Zutaten

500 ml	Kokosmilch
750 ml	Gemüsebrühe
3	Stängel Lemongrass
1	großes Stück frischer Galgant, geschält, in dünne Scheiben geschnitten
4	getrocknete Kaffirlimettenblätter (wenn verfügbar: frisch)
2	Jungzwiebeln, in dünne Scheiben geschnitten
4	kleine scharfe Chilis (z. B. Bird Eye oder Cayenne), in feine Ringe geschnitten
300 g	gemischte Pilze (Riesenchampignons, Riesen-Cremechampignons, Austernpilze), geputzt, in Scheiben geschnitten
	Saft einer Limette
	Salz
	einige Korianderblätter zum Garnieren

Zubereitung

1. Kokosmilch mit Gemüsebrühe in einem Topf erhitzen. Lemongrass, Galgant, Limettenblätter, Jungzwiebeln und Chilis in die heiße Kokosmilch geben und kurz kochen lassen.
2. Die Pilze dazugeben und so lange kochen, bis sie weich sind.
3. Die Suppe mit dem Limettensaft und Salz abschmecken. In Schüsseln mit einigen Korianderblättern garniert servieren.

Extratipp

Als Thai-Ingwer bekannt ist es nach Möglichkeit unbedingt frischer Galgant, der in diesem Rezept verwendet werden sollte. Wenn nicht zur Hand, kann aber – im Bewusstsein eine Abwandlung des Originals vorzunehmen – auch notfalls frischer Ingwer eingesetzt werden. Getrockneter Galgant sollte allenfalls die zweite Wahl sein. Will man den Galgant mitessen, sollte er im Bestfall mit einer Ingwerreibe gerieben und anschließend mitgekocht werden. Schneidet man ihn in Scheiben und kocht ihn mit, bleibt er zumeist trotzdem eher hart und unkaubar. Das ist aber Geschmackssache.

KÜRBIS-CARPACCIO

AROMANOTE

1 2 3 4 5 6 7 8 9 10

mild – harmonisch – wild – extrem

Zutaten

1	Butternut-Kürbis, geschält
6	EL Sonnenblumenöl
1	kleine rote Zwiebel, geschält, feinwürfelig geschnitten
1	Knoblauchzehe, geschält, gepresst
½ TL	Kümmelsaat, im Mörser leicht angestoßen
1	roter Paprika, gewaschen, entstielt, feinwürfelig geschnitten
50 ml	Wasser
	Salz
	Schwarzer Pfeffer, frisch gemahlen
½ TL	Kümmelpulver
4 EL	Crema di Balsamico
8	Schnittlauchhalme

Zubereitung

1. Den bauchigen Abschnitt des Kürbisses vom länglichen Teil trennen. Den runden Teil halbieren, mit einem Löffel die Kerne ausschaben und das Kürbisfleisch in kleine Würfel schneiden. Vom länglichen Teil des Kürbisses mit einem Gemüsehobel feine Scheiben abschneiden und diese wie ein Carpaccio auf Tellern anrichten.
2. In einer Pfanne 2 Esslöffel Öl erhitzen, Zwiebel und Knoblauch hinzufügen und darin glasig dünsten. Den Kümmel beigeben und kurz mitrösten. Dann die Kürbis- und Paprikawürfel dazugeben, das Wasser angießen und auf niedriger Flamme 5 Minuten köcheln lassen. Abschließend mit Salz und Pfeffer abschmecken und etwas abkühlen lassen.
3. Nun das restliche Öl mit dem Kümmelpulver vermischen, das Carpaccio leicht salzen und mit der Crema di Balsamico sowie dem Kümmelöl beträufeln. Zum Schluss das Kürbisgemüse dekorativ auf dem Carpaccio verteilen, mit den Schnittlauchhalmen garnieren und servieren.

Extratipp

Kümmel und Kürbis bilden in diesem Gericht eine äußerst geschmackvolle Kombination. Der Kümmel spielt gegenüber dem – nomen est omen – buttrigen, nussigen Butternut-Kürbis seine kräftigen, leicht herben Akzente aus. Der Clou an der Zubereitung ist der gleichzeitige Doppelauftritt beider Hauptzutaten: Denn es findet sich nicht nur der Kürbis zweifach am Teller, einmal hauchdünn gehobelt und roh als Carpaccio sowie einmal weich gedünstet als Gemüse, sondern auch der Kümmel. Durch den parallelen Auftritt – gemahlen im Würzöl und als Saat im Kürbisgemüse – entfaltet der Wiesenkümmel das gesamte Spektrum der in ihm enthaltenen ätherischen Öle.

GEMÜSE-CURRY

AROMANOTE

1 2 3 4 5 6 7 **8** 9 10

mild – harmonisch – wild – extrem

Zutaten

400 ml Kokosmilch
4 EL rote Currypaste
2 TL Ahornsirup
Saft zweier Limetten

100 g Apfelmark (alternativ: ungesüßtes Apfelmus)
Salz
250 g Champignons, geputzt, in dünne Scheiben geschnitten
200 g Süßkartoffeln, geschält, längs geviertelt, in dünne Scheiben geschnitten
750 g Lauch, gewaschen, geputzt, in Scheiben geschnitten
1 Bund frischer Koriander, gewaschen, trocken geschüttelt, Blätter gezupft, fein gehackt

Zubereitung

1. Die Kokosmilch mit Currypaste, Ahornsirup, 4 Esslöffeln Limettensaft und dem Apfelmark in einem Topf aufkochen, mit Salz würzen. Das Gemüse dazugeben und bei mittlerer Hitze zugedeckt 5 Minuten kochen lassen. Dann das Curry offen weitere 5 Minuten kochen, bis das Gemüse gar, aber noch bissfest ist.
2. Die Hälfte des Korianders unter das Curry rühren, mit Salz und dem restlichen Limettensaft abschmecken.
3. Das Curry auf Suppenteller aufteilen und mit dem restlichen Koriander bestreut servieren.

Extratipp

Aufgrund seiner Hitzeempfindlichkeit wird der Koriander der Speise erst am Schluss beigegeben und darüber hinaus für ihre Dekoration eingesetzt. Durch die leichte Erwärmung wird der moschusartige, salbeiähnliche Geschmack des Wanzenkrauts optimal gefördert, sodass er sich mit dem milden, leicht zwiebeligen Hauch des Lauchs in der durch Ahornsirup und Apfelmark süßlich anmutenden Soße wunderbar verbindet.

INDISCHES DAL

AROMANOTE

1 2 3 4 5 6 **7** 8 9 10

mild - harmonisch - wild - extrem

Zutaten

200 g	indische Linsen (Sorte Arhar; alternativ: rote kleine Linsen)
1 EL	Sonnenblumenöl
2 TL	Braune Senfkörner
1	große Zwiebel, geschält, in kleine Würfel geschnitten
5	grüne Chilischoten, gewaschen, entstielt, entkernt, in kleine Würfel geschnitten
1 TL	Asant, gemahlen
2 TL	Kurkuma, gemahlen
3	Tomaten, gewaschen, entstielt, in kleine Würfel geschnitten
300 ml	Wasser
1 TL	Salz
2 TL	Rohrohrzucker
3 TL	Garam Masala
	frischer Koriander nach Belieben, gewaschen, trocken geschüttelt, gehackt

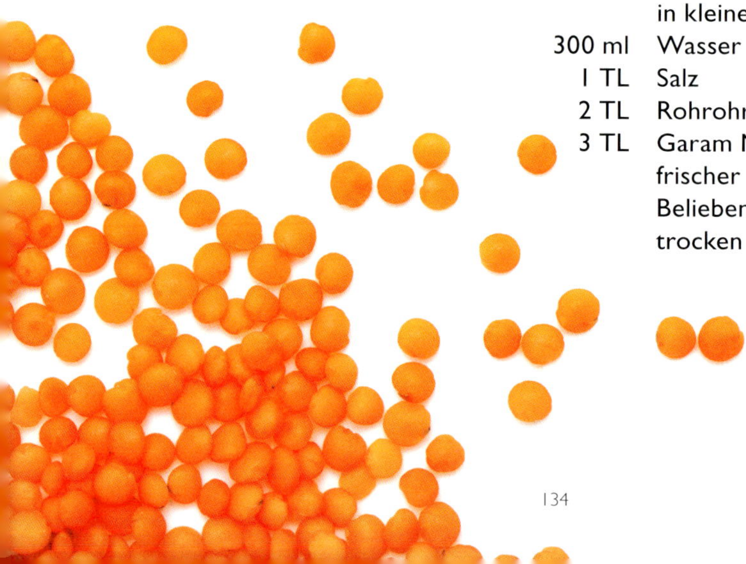

Zubereitung

1. Die Linsen 1 Stunde in reichlich Wasser einweichen. Abgießen, in einen großen Topf umfüllen, wieder mit reichlich Wasser bedecken und zum Kochen bringen. Die Hitze reduzieren und in 25-35 Minuten weichkochen. Wenn die Linsen weichgekocht sind, abgießen und mit dem Gemüsestampfer nicht zu fein zerstoßen. Beiseitestellen.
2. Das Öl in einer tiefen Pfanne heiß werden lassen, die Senfkörner hinzufügen und unter Rühren erhitzen, bis sie anfangen zu hüpfen. Dann Zwiebel, Chilischoten, Asant und Kurkuma dazugeben und circa 5 Minuten anbraten. Dabei immer wieder rühren und mit dem Kochlöffel den Boden der Pfanne abschaben, weil die Gewürze das Öl sehr schnell aufnehmen. Nun die Tomaten unterrühren und einige Minuten weichdünsten.
3. Die gestampften Linsen sowie das Wasser hinzugeben, gründlich verrühren und zum Kochen bringen. Salz, Zucker und Garam Masala dazugeben und noch weitere 5 Minuten köcheln lassen. Mit gehacktem Koriander bestreut servieren.

Extratipp

Die besondere Note von Asant ist in vielen indischen Speisen ein Muss, zumal es andere Gewürze und Aromen positiv verstärkt. Der Einsatz in diesem Linsengericht ist eine optimale Möglichkeit, diesem einen exotischen, extravaganten Geschmack zu verleihen und die Speise leichter verträglich zu machen.

POLENTA-TERRINE

AROMANOTE

1 2 3 **4** 5 6 7 8 9 10

mild - harmonisch - wild - extrem

Zutaten

6 EL	Olivenöl
2	Knoblauchzehen, geschält, gepresst
20 g	getrocknete Steinpilze, in lauwarmem Wasser 15 Minuten eingeweicht
400 g	Champignons, gewaschen, geputzt, in dünne Scheiben geschnitten
	Salz
	Schwarzer Pfeffer, frisch gemahlen
5	Stängel Bohnenkraut, gewaschen, trocken geschüttelt, fein gehackt (alternativ: 2 EL getrocknetes Bohnenkraut)
750 ml	Wasser
375 g	Polenta (aus Maisgrieß)
	etwas Blattsalat als Garnitur, gewaschen, trockengetupft

Zubereitung

1. In einer Pfanne 4 Esslöffel des Olivenöls erhitzen, den Knoblauch darin glasig dünsten. Die eingeweichten Steinpilze abgießen und dann klein schneiden, in die Pfanne geben und einige Minuten anbraten.
2. Nun die Champignons hinzufügen und bei starker Hitze unter ständigem Rühren mehrere Minuten dünsten. Mit Salz, Pfeffer und Bohnenkraut würzen.

3. Jetzt das Wasser aufkochen, salzen und die Polenta rasch einrühren, damit sich keine Klümpchen bilden. Die Hitze reduzieren und die Polenta auf kleiner Flamme köcheln, bis die Masse cremig ist. Dabei gelegentlich umrühren.
4. Den Backofen auf 180 Grad vorheizen. Inzwischen eine Kastenform mit etwas Olivenöl auspinseln, mit einem Drittel der Polenta befüllen und diese glatt streichen. Einen Teil der Pilzmischung darauf verteilen und mit einer Schicht Polenta fortfahren, dann wieder Pilze und schließlich die restliche Polenta. Zum Abschluss mit dem restlichen Olivenöl bestreichen und im vorgeheizten Backofen rund 20 Minuten backen, bis die Polentaterrine eine goldgelbe Farbe angenommen hat. In Scheiben schneiden und mit Blattsalat als Garnitur servieren.

Extratipp

Der eher zurückhaltende Geschmack von Polenta wird durch Bohnenkraut, je nach Dosierung, von leicht bis intensiv, aufgewertet. Das Kraut offenbart in diesem dezenten Umfeld deutlich seine pfeffrig-pikante Note. Durch die Einlage in Form verschiedener Pilze werden dem Bohnenkraut zusätzlich seine Nuancen von Thymian und Rosmarin entlockt, die geschmacklich für Spannung sorgen. Gleichzeitig macht das Kraut diese Speise leichter und die Pilze besser verdaulich.

WRAPS MIT MAIS-CHILI

AROMANOTE
1 2 3 4 5 6 7 8 9 10
mild - harmonisch - wild - extrem

Zutaten

2 EL	Sonnenblumenöl
1	große Zwiebel, geschält, in feine Würfel geschnitten
2	Knoblauchzehen, geschält, gepresst
1	Dose geschälte Tomaten in Saft
2 EL	Tomatenmark
500 ml	Gemüsebrühe
1	rote Chili (z. B. Habanero), entstielt, fein gehackt
1 TL	Cayennepulver, nach Geschmack auch mehr
2 TL	Pimentkörner, im Mörser zerstoßen
1 TL	Oregano
2	Dosen Maiskörner, abgetropft
300 g	Weizenmehl
	Salz
3 EL	Olivenöl
200 ml	Wasser
	Mehl für die Arbeitsfläche
2 EL	frischer Koriander, gewaschen, trocken getupft, fein gehackt

Zubereitung

1. Das Öl in einem Topf erhitzen, die Zwiebel darin glasig andünsten, den Knoblauch kurz mitbraten. Nun die Tomaten in Saft, das Tomatenmark und die Gemüsebrühe hinzugeben. Aufkochen lassen.
2. Jetzt die Chili, das Cayennepulver, 1 Teelöffel des zerstoßenen Piments und den Oregano einrühren und alles 15 Minuten auf kleiner Flamme zugedeckt köcheln lassen.
3. Danach den Mais hinzufügen und das Ganze zum Eindicken ohne Deckel auf kleiner Flamme nochmals rund 20 Minuten weiterköcheln.
4. In der Zwischenzeit das Mehl und das Salz mischen. Öl und Wasser zugeben und alles gut verkneten, bis ein elastischer Teig entsteht. In 8 Kugeln unterteilen und jede auf einer bemehlten Arbeitsfläche dünn zu einer Tortillaflade ausrollen. Eine Pfanne stark erhitzen und die Fladen darin ohne Fett kurz von beiden Seiten anbraten. Tortillas warm stellen.
5. Wenn das Mais-Chili fertig geköchelt ist, mit einer Prise Salz und den restlichen gemörserten Pimentkörnern abschmecken, in die Tortillafladen füllen und diese zu Wraps zusammenklappen. Auf Tellern anrichten und mit dem gehackten Koriander dekoriert servieren.

Extratipp

Aufgrund seiner Vielschichtigkeit braucht es neben Piment für diese Anwendung ausschließlich etwas mehr Schärfe, je nach individuell gewünschter Intensität – das ist alles. Die Pimentkörner ersetzen durch ihre Noten von Gewürznelken und Zimt jeglichen Griff zu anderen Gewürzen; selbst mit Salz kann man hier sehr sparsam umgehen. Die beste geschmackliche Entfaltung der Pimentkörner erreicht man, indem man – wie beschrieben – einen Teil gemörsert mitkocht und den Rest zum Schluss beim Abschmecken einrührt.

BÄRLAUCH-MOLE

AROMANOTE

1 2 3 4 5 6 7 **8** 9 10

mild - harmonisch - wild - extrem

Zutaten

200 g	frischer Bärlauch, gewaschen, trocken getupft
50 g	frischer Babyspinat, gewaschen, trocken getupft
200 ml	Olivenöl
200 g	geriebene Mandeln
100 g	Kirschtomaten, gewaschen, kleinwürfelig geschnitten
	Salz
	Schwarzer Pfeffer, frisch gemahlen
1 TL	Kreuzkümmel, gemahlen
	etwas Limettensaft

Zubereitung

1. Den Bärlauch und den Spinat in ein hohes Gefäß geben und mit dem Stabmixer pürieren, dabei nach und nach das Olivenöl hineingießen und weitermixen, bis die Masse schön cremig ist.
2. Die geriebenen Mandeln und die Tomatenwürfel unterheben. Mit den Gewürzen und dem Limettensaft abschmecken und bis zum Servieren kühl stellen.

Extratipp

Anders als die allseits bekannte Guacamole, auf Basis pürierter Avocados, spielt bei dieser pikanten Creme Bärlauch die Hauptrolle. Das hocharomatische Frühlingsgewächs ist unbedingt frisch vonnöten und kann in dieser Zubereitung keinesfalls durch getrocknete, geschnittene Bärlauchblätter ersetzt werden. Möglich ist es aber, dafür tiefgekühlte Bärlauchblätter einzusetzen, die man innerhalb der Saison zwischen März und Juni gepflückt und im Tiefkühlfach bevorratet hat. Wem der Geschmack des Bärlauchs allzu intensiv ist, der ersetzt einen Teil der Menge durch ein Mehr an frischem Spinat oder fügt der Mole etwas mehr geriebene Mandeln hinzu. Schmeckt wunderbar mit knusprigem Brot, als Dip für Mais chips oder Gemüsesticks, aber auch zu Pellkartoffeln oder Tofu.

INGWER-ERDNUSS-MANGOLD

AROMANOTE

1 2 3 4 5 6 7 **8** 9 10

mild - harmonisch - wild - extrem

Zutaten

1,2 kg	Mangold, gewaschen, unterster Stielansatz entfernt
	Salz
6 EL	Erdnussöl
2	Knoblauchzehen, geschält, fein gehackt
1	Stück frischer Ingwer (circa 8 cm groß), geschält, feinwürfelig geschnitten
1	große Tomate, gewaschen, entstielt, in Würfel geschnitten
100 g	Erdnüsse, geschält, grob gehackt

Zubereitung

1. In einem großen Topf Wasser zum Kochen bringen und Salz hinzufügen. Den Mangold mit den Stielen voran in das Wasser geben und darin etwa 8 Minuten kochen, sodass diese nicht mehr hart, sondern bissfest sind. Abseihen und gut abtropfen lassen.
2. Inzwischen 4 Esslöffel Öl in einer Pfanne erhitzen und darin den Knoblauch sowie den Ingwer anschwitzen. Die Tomatenwürfel hinzufügen und mitbraten. Zuletzt die Erdnüsse beigeben und mitrösten. Mit Salz und Pfeffer würzen.
3. Den Backofen auf 220 Grad Grillfunktion vorheizen. Eine feuerfeste Form mit dem restlichen Öl einfetten, den Boden mit Mangold auslegen und eine Schicht der Ingwer-Erdnuss-Masse darauf verteilen. Erneut eine Schicht Mangold einlegen, wiederum mit der Würzmasse benetzen und so fortfahren, bis beides aufgebraucht ist. Den Abschluss bilden die Ingwer-Erdnüsse. Im vorgeheizten Backofen etwa 7 Minuten grillen und heiß servieren.

Extratipp

Mit seinem erdigen Aroma bietet Mangold dem Ingwer eine hervorragende Bühne, sein geschmackliches Spektrum von zitronig über apfelig bis scharf und würzig auszuspielen und zu entfalten. Die Kombination mit Erdnuss, Tomate und Knoblauch verleiht einen exotischen Touch, der am Gaumen einen längeren Nachhall erzeugt. Wer es authentisch asiatisch bevorzugt, schält das Rhizom übrigens nicht, sondern wäscht die Schale nur gründlich, tupft den Ingwer außen trocken und reibt ihn mit einer speziellen Ingwerreibe, um ihn hernach im Kochprozess zu verwenden.

ROHKOST-SALAT MIT ERDNÜSSEN

AROMANOTE

1 2 3 4 5 **6** 7 8 9 10

mild - harmonisch - wild - extrem

Zutaten

500 g	Möhren, Ränder abgeschnitten, geschält, gewaschen
200 g	Knollensellerie, geschält, gewaschen
	Salz
	Schwarzer Pfeffer, frisch gemahlen
4 EL	Reisessig
5 EL	Erdnussöl
	Saft einer Limette
1	Schuss Sojasoße
1	großer Bund Schnittlauch, gewaschen, trocken getupft, in feine Röllchen geschnitten
1	Handvoll Erdnüsse, geschält, grob gehackt

Zubereitung

1. Die Möhren und den Sellerie in feine Streifen schneiden oder hobeln und beides miteinander vermengen.
2. In einer Schüssel Salz, Pfeffer, Essig, Öl, Limettensaft und Sojasoße zu einer Marinade verrühren und über dem Gemüse verteilen. Gut durchmischen und mindestens 2 Stunden bei Zimmertemperatur durchziehen lassen.
3. Kurz vor dem Servieren den Schnittlauch unterheben, den Salat auf Tellern anrichten und mit den gehackten Erdnüssen bestreuen.

Extratipp

Aufgrund seines flüchtigen Aromas sollte der Schnittlauch erst unmittelbar vor seiner Verwendung in feine Röllchen geschnitten werden. Darüber hinaus sollte die Beigabe zum Salat erst nach dem Marinieren erfolgen, da er seine lauchartige Note ansonsten stark einbüßt und geschmacklich nicht mehr sortentypisch erkannt werden kann.

GRIECHISCHE SCHMETTERLINGE

AROMANOTE
1 2 3 4 5 6 **7** 8 9 10
mild - harmonisch - wild - extrem

Zutaten

4	Fleischtomaten, gewaschen, entstielt, in kleine Würfel geschnitten
1	gelber Paprika, gewaschen, entstielt, in kleine Würfel geschnitten
1	kleine Salatgurke, gewaschen, kleinwürfelig geschnitten
2	Jungzwiebeln, gewaschen, geschält, in feine Ringe geschnitten
100 g	schwarze Oliven ohne Steine
2 EL	Kapernknospen
	Salz
	Schwarzer Pfeffer, frisch gemahlen
2 TL	getrockneter Oregano
	Olivenöl nach Bedarf
100 ml	Tomatensoße (oder Tomatensaft)
500 g	Farfalle (Schmetterlingsnudeln; alternativ: andere Nudeln)
1	Knoblauchzehe, geschält, gepresst

Zubereitung

1. Tomaten, Paprika, Gurke, Jungzwiebeln, Oliven und Kapernknospen in einer Schüssel vermengen. In einer kleinen Schale für die Marinade Salz, Pfeffer, Oregano, Olivenöl und Tomatensoße gut verrühren. Einige Minuten ziehen lassen.
2. Währenddessen die Nudeln in einem großen Topf mit Salzwasser bissfest kochen, danach abseihen, in den Topf zurückgeben, mit der Marinade übergießen, den gepressten Knoblauch dazugeben und alles gut vermischen.
3. Das Gemüse unter die marinierten Nudeln heben und die Farfalle auf Tellern angerichtet servieren.

Extratipp

Die Kombination mit Tomaten(soße) und knackig frischem Gemüse lässt die Aromatik von Oregano besonders stark in den Vordergrund treten. Für ein noch intensiveres geschmackliches Erlebnis darf das Gewürz gerne um ein Quäntchen seines nahen Verwandten, Majoran – frisch oder getrocknet –, ergänzt werden. Eine andere mögliche Intensivierung der Note des Oregano erreicht man durch die Beigabe von Basilikum, dann aber in frischer Form.

Okraschoten. Kaffirlimettenblatt.

SPICY OKRA-CURRY

AROMANOTE

1 2 3 4 5 6 7 8 9 10

mild - harmonisch - wild - extrem

Zutaten

1 EL	Maiskeimöl
1	große Zwiebel, geschält, in dünne Scheiben geschnitten
1 TL	Kreuzkümmelsamen, ganz
1 ½ TL	Koriandersamen, ganz
3	Knoblauchzehen, geschält, gepresst
2	grüne Chilis (z. B. grüne Thai-Chilis oder Jalapeños), gewaschen, entstielt, klein gehackt
6	Kaffirlimettenblätter, im Ganzen (frisch oder getrocknet)
2 TL	Kurkuma, gemahlen
1 TL	edelsüßes Paprikapulver
1 TL	Ingwerpulver
1 kg	Okraschoten
400 ml	Wasser
100 ml	Tomatenmark
2 TL	Essig
2 TL	Rohrohrzucker
	einige Stängel Koriander, gewaschen, trocken geschüttelt, fein gehackt
1 TL	Garam-Masala-Gewürzmischung

Zubereitung

1. Das Öl in einer Pfanne erhitzen, die Zwiebelscheiben darin anschwitzen, bis sie goldbraun sind. Die Samen hinzufügen und rösten, bis sie zu springen beginnen.
2. Nun Knoblauch und alle weiteren Zutaten bis auf die Okraschoten, beigeben und ebenfalls mitrösten bis es zu duften anfängt. Dann die Okras dazugeben und vorsichtig unterheben, sodass diese von den Gewürzen ummantelt sind. Schließlich Wasser, Tomatenmark, Essig und Zucker hinzufügen und einmal aufkochen. Temperatur reduzieren und zugedeckt etwa 30 Minuten köcheln, bis die Okraschoten weichgekocht sind. Dabei gelegentlich umrühren.
3. Vor dem Servieren mit dem frischen Koriander bestreuen und mit etwas Garam Masala parfümieren.

Extratipp

Okra gilt in Mitteleuropa vielfach noch als exotisch, dabei sollte man getrost häufiger zu ihr greifen. Mit ihrem milden, teils etwas säuerlichen Geschmack passen die „Ladyfinger" sehr gut in Gemüseeintöpfe, die mit verschiedenen Gewürzen pikant gestaltet werden. Neben klassischen Currygewürzen verleiht in dieser Zubereitung das Kaffirlimettenblatt den Okraschoten eine erfrischende Zitrusnote, wodurch die Speise leicht wirkt. Auch die typisch schleimige Konsistenz der Okra, die für die Cremigkeit dieses Currys verantwortlich ist, wird durch die Blätter der Kaffirlimette abgemildert und eine gute Verdaulichkeit wird gefördert.

CHINESISCHER FEUERTOPF

AROMANOTE

1 2 3 4 5 6 7 8 9 **10**

mild – harmonisch – wild – extrem

Zutaten

1 EL	Erdnussöl
1	großes Stück Ingwer, geschält, in Scheiben geschnitten
5	Knoblauchzehen, geschält, in Scheiben geschnitten
2 EL	Chili-Bohnen-Paste, nach Bedarf auch mehr (aus dem Asialaden)
1 TL	Szechuanpfeffer, leicht im Mörser zerstoßen
1	großer Schuss Reiswein
1 Liter	Gemüsebrühe
	Salz
	Schwarzer Pfeffer, frisch gemahlen
	Chiliöl und getrocknete Chilischoten nach Bedarf
500 g	Pak Choi, gewaschen, Blätter zerteilt
	anderes Gemüse nach Bedarf

Zubereitung

1. Das Öl in einem großen Topf erhitzen. Ingwer und Knoblauch hinzufügen und kurz anbraten. Nun die Chili-Bohnen-Paste und den Szechuanpfeffer beigeben und ein wenig mitbraten. Mit Reiswein ablöschen, durchrühren, mit der Gemüsesuppe aufgießen und alles aufkochen.
2. Mit Salz und Pfeffer abschmecken. Zum Schluss nach Geschmack Chiliöl und getrocknete Chilis hinzufügen und nochmals 5 Minuten garen lassen.
3. Den Topf vom Herd nehmen und in der Tischmitte auf einer vorbereiteten Kochplatte platzieren, damit die Temperatur schön gehalten wird. Darin kann man nun direkt bei Tisch den Pak Choi (sowie andere Köstlichkeiten) garen.

Extratipp

In diesem typischen Suppengericht, das in China jedoch zum Schluss einer Mahlzeit gegessen wird, entfaltet der Szechuanpfeffer das volle Spektrum seiner geschmacklichen Vielfalt, von Zitrone über Maracuja bis zu Pfirsich Melba. Daneben umfängt seine stark wärmende Wirkung jeden Gaumen und betäubt durch sein einzigartiges Prickeln Lippen und Zunge. Die Kombination mit Ingwer und Chili lässt den Szechuanpfeffer zu absoluter Hochform auflaufen, wodurch er zu einem unvergesslichen Geschmackserlebnis wird. Das asiatische Blattgemüse Pak Choi als Einlage ist eine köstliche Wahl, zumal auch dieses mit einer leicht scharfen, senfartigen, animierenden Note aufwartet, die perfekt mit Szechuanpfeffer harmoniert. Aber auch anderes Gemüse kann nach Gusto eingelegt werden.

GEGRILLTES PAPRIKAGEMÜSE

AROMANOTE

1 2 3 4 5 **6** 7 8 9 10

mild - harmonisch - wild - extrem

Zutaten

- 2 rote Paprikaschoten, gewaschen, entstielt
- 2 gelbe Paprikaschoten, gewaschen, entstielt
- 2 grüne Paprikaschoten, gewaschen, entstielt
- 2 orange Paprikaschoten, gewaschen, entstielt
- 1 Bund Petersilie, gewaschen, trocken geschüttelt, klein gehackt
- 6 EL Olivenöl
- Saft einer Limette
- grobes Meersalz
- Schwarzer Pfeffer, frisch gemahlen

Zubereitung

1. Den Backofen auf 180 Grad Ober- und Unterhitze vorheizen. Inzwischen die Paprikaschoten der Länge nach in rund ½ cm breite Streifen schneiden. 2 Esslöffel gehackte Petersilie für später beiseitestellen, den Rest in einer Schüssel samt dem Öl, dem Limettensaft sowie Salz und Pfeffer mit den Paprikastreifen vermischen.
2. Ein Backblech mit Backpapier auslegen, die marinierten Paprikastreifen darauf verteilen und alles etwa 15 Minuten im Backofen garen. Danach den Backofen auf Grillfunktion schalten und für rund 5 Minuten grillen.
3. Auf Tellern anrichten und mit der übrigen klein gehackten Petersilie bestreut servieren.

Extratipp

In diesem Gericht darf die Petersilie ausschließlich frisch eingesetzt werden, sodass sie ihr gesamtes duftiges, würziges Aroma einbringen kann. Der eher kräftige Eigengeschmack des Paprikas wird durch das Würzkraut etwas abgemildert, sodass das gegrillte Gemüse einen leichten, erfrischenden, mediterranen Anklang erhält. Verstärkt wird diese Wahrnehmung am Gaumen durch den Einsatz von Olivenöl und Limette, die den Frischecharakter der Petersilie nochmals unterstreichen.

PASTINAKEN-ORANGEN-SUPPE

AROMANOTE

1 2 3 4 5 6 7 **8** 9 10

mild – harmonisch – wild – extrem

Zutaten

3 EL	Maiskeimöl
1	Zwiebel, geschält, kleinwürfelig geschnitten
4	Sternanis, ganz
je 1	Prise gemahlener Zimt und gemahlene Gewürznelken
1 Liter	Gemüsesuppe
500 g	Pastinaken, geputzt, geschält, in kleine Stücke geschnitten
	Saft und abgeriebene Schale einer Bio-Orange
3 EL	Olivenöl
5 EL	Weißbrotwürfel
	Salz

Zubereitung

1. In einem großen Topf das Öl erwärmen, die Zwiebel darin glasig anschwitzen. Die Gewürze hinzufügen und einige Minuten mitrösten.
2. Mit Gemüsesuppe ablöschen, Pastinaken sowie Saft und Schale der Orange hinzufügen. Einmal aufkochen und dann so lange auf kleiner Flamme köcheln, bis die Pastinaken weichgekocht sind. Das dauert rund 20 Minuten. In der Zwischenzeit in einer Pfanne das Olivenöl erhitzen und die Brotwürfel darin kross anbraten.
3. Am Schluss den Sternanis aus der Suppe entfernen, diese mit dem Stabmixder pürieren und mit Salz abschmecken. Mit den Croutons bestreuen und heiß servieren.

Extratipp

Die Paarung pikanter mit süßlich anmutenden Zutaten bildet die optimale Bühne, auf der sich die eigentümliche Note von Stern-anis bestens entfalten kann. Sein fenchelähnlicher Geschmack harmoniert hervorragend mit dem Orangensaft und ergänzt gemeinsam mit Zimt und Gewürznelken den lieblichen, sellerieartigen Ton der Pastinake.

FRÜHSTÜCKS-PORRIDGE

AROMANOTE

1 2 3 4 5 6 7 8 9 10

mild – harmonisch – wild – extrem

Zutaten

40 g	Süßholz, als Stange oder geschnitten
600 ml	Wasser
200 g	Quinoa
1 Prise	Salz
100 g	getrocknete Früchte (Aprikosen, Pflaumen, Feigen o. Ä.)
50 g	Rosinen
250 ml	Mandelmilch
1 ½ TL	Zimt
1 Prise	gemahlener Ingwer
1 Prise	Muskatnuss, frisch gerieben

Zubereitung

1. In einem Topf das Süßholz mit 200 Milliliter Wasser aufkochen und rund 20 Minuten leicht köcheln lassen. Durch ein feines Haarsieb abseihen und den Süßholzsud auffangen.
2. Die Quinoa waschen, in einen Topf geben und mit dem restlichen Wasser sowie dem Salz zusammen aufkochen. Die Hitze reduzieren und etwa 15 Minuten bei geschlossenem Deckel köcheln.
3. Inzwischen die getrockneten Früchte klein schneiden und zusammen mit dem Süßholzsud, den Rosinen und der Mandelmilch unter die Quinoa heben. Mit Zimt, Ingwer und Muskatnuss würzen und warm servieren.

Extratipp

Der pflanzliche Eiweißlieferant Quinoa zeichnet sich durch einen nussigen, leicht erdigen Geschmack aus, der jegliche Aufbesserung durch Gewürze gerne aufnimmt. Durch die Verfeinerung mit Süßholz lässt sich das glutenfreie Pseudogetreide wunderbar zu einem morgendlichen Kraftspender umfunktionieren. Durch die Beigabe von Zimt und Ingwer wird das Süßholz zu einem herb-süßen, wärmenden Geschmackserlebnis am Gaumen.

Currykraut-Risotto

AROMANOTE

1 2 3 4 5 6 7 8 9 10

mild - harmonisch - wild - extrem

Zutaten

6 EL	Olivenöl
2	Knoblauchzehen, geschält, fein gehackt
300 g	Risottoreis
1 Liter	Gemüsebrühe
1	kleiner Bund Schnittlauch, gewaschen, trocken getupft, in kleine Ringe geschnitten
2	Zweige Currykraut, gewaschen, trocken getupft
4 EL	Pinienkerne
100 g	Tiefkühlerbsen, kurz gekocht

Zubereitung

1. Das Olivenöl in einem Topf erhitzen. Den Knoblauch beigeben und leicht andünsten. Nun den Reis hinzufügen und unter ständigem Rühren braten, bis er glasig ist. Dann die Gemüsebrühe darübergießen, bis der Reis bedeckt ist. Den Reis bei mittlerer Hitze köcheln, bis er die Brühe fast vollständig aufgenommen hat. Diesem Prinzip folgend schrittweise die Gemüsebrühe darübergießen, bis sie ganz aufgebraucht ist.
2. Etwa in der Mitte der Kochzeit den Schnittlauch (bis auf 1 Esslöffel, diesen für die Dekoration beiseitestellen) und die Zweige des Currykrauts beigeben.
3. Währenddessen in einer beschichteten Pfanne ohne Fett die Pinienkerne vorsichtig anrösten, sodass sie ihr Aroma optimal entfalten.
4. Nach insgesamt etwa 25 Minuten sollte der Risottoreis weich und cremig sein. Nun die Currykrautzweige entfernen und die Erbsen unterheben. Risotto auf Teller aufteilen, mit den Pinienkernen sowie dem restlichen Schnittlauch garnieren und gleich servieren.

Extratipp

Das Currykraut übernimmt in diesem Gericht die Funktion mediterraner Kräuter wie Salbei und Rosmarin, – Nuancen, die es dem Reis neben seinem süßlich-aromatischen Eigengeschmack, der an Curry-Gewürzmischungen erinnert, beisteuert. Es genügt zur Geschmacksabgabe, die Currykrautzweige maximal 15 Minuten mitzukochen und vor dem Servieren wieder zu entfernen.

PILAW

AROMANOTE

1 2 3 4 5 **6** 7 8 9 10

mild - harmonisch - wild - extrem

Zutaten

2	Tomaten
3	EL Olivenöl
1	Knoblauchzehe, geschält, gepresst
2	kleine Zwiebeln, geschält, würfelig geschnitten
1 TL	Gewürznelken, ganz
1 TL	Kreuzkümmelsamen, ganz
1 TL	Koriandersamen, ganz
2 EL	Chiliflocken (z. B. Piri-Piri)
1 TL	getrocknete Minze
300 g	Langkornreis
200 ml	Weißwein
800 ml	Gemüsebrühe
1	Lorbeerblatt
1	Stange Lauch, geputzt, gewaschen, in feine Ringe geschnitten
	Salz
	Schwarzer Pfeffer, frisch gemahlen

Zubereitung

1. Die Tomaten mit kochendem Wasser überbrühen, abschrecken, enthäuten, entstielen und in Würfel schneiden. Den Backofen auf 200 Grad Ober- und Unterhitze vorheizen.
2. Das Öl in einer Pfanne erhitzen und Knoblauch und Zwiebeln darin anschwitzen. Gewürznelken, Kreuzkümmel, Koriander, Chili und Minze hinzufügen und kurz andünsten. Dann den Reis unterrühren und ebenfalls andünsten, bis er milchig-glasig ist. Mit Weißwein und Gemüsebrühe aufgießen, das Lorbeerblatt hineingeben. In eine Auflaufform füllen, mit Deckel schließen oder mit Alufolie bedecken und in den vorgeheizten Backofen stellen.
3. Nach 15 Minuten Garzeit Lauchringe und Tomatenwürfel untermischen und nochmals zugedeckt 35 Minuten im Backofen garen.
4. Sobald der Reis gar ist, aus dem Backofen nehmen, mit Salz und Pfeffer würzen und abgedeckt noch rund 10 Minuten ruhen lassen.

Extratipp

In dieser Version des Reiseintopfes entfalten die Gewürznelken, kombiniert mit den anderen Gewürzen, ergänzt um Lauch, die zart süßliche Seite ihres Aromas. Parallel dazu wird ein dezent pfeffriger Ton mit leichter Schärfe wahrnehmbar, der jedoch durch die beteiligte Tomate sanft abgemildert wird. Die Geschmackskombination ist als orientalisch zu bezeichnen und als Hauptgericht oder gepaart mit gegrilltem Gemüse wie Auberginen oder Zucchini empfehlenswert.

ZITRONEN-SAFRAN-REIS

AROMANOTE

1 2 3 4 5 6 7 8 9 10

mild - harmonisch - wild - extrem

Zutaten

1 Liter	Gemüsebrühe
½ TL	Safranfäden
2 EL	Sonnenblumenöl
1	große gelbe Zwiebel, geschält, in Scheiben geschnitten
2	Knoblauchzehen, geschält, gepresst
1	Stück frischer Ingwer (circa 3 cm groß), geschält, fein gehackt
5	getrocknete Curryblätter, ganz
1	unbehandelte Zitrone, gewaschen, Schale abgerieben, Saft ausgepresst
400 g	Basmatireis, gewaschen, gut abgetropft
1	kleiner Bund frischer Koriander, gewaschen, trocken geschüttelt, fein gehackt
	Salz
	Schwarzer Pfeffer, frisch gemahlen

Zubereitung

1. Die Gemüsebrühe in einem Topf erhitzen, die Safranfäden einstreuen, den Topf vom Herd ziehen, mit Deckel verschließen und rund 15 Minuten ziehen lassen.
2. In einer Pfanne das Öl erhitzen und Zwiebel, Knoblauch, Ingwer und Curryblätter hinzufügen und umrühren. Alles anbraten, bis die Zwiebel goldbraun ist. Nun die Zitronenschale und den Reis beigeben.
3. Die Safran-Gemüsebrühe eingießen und zugedeckt etwa 15 Minuten leicht köcheln lassen. Die Flüssigkeit sollte gänzlich aufgenommen und der Reis gar sein. Abschließend den Zitronensaft und den Koriander unterheben, mit Salz und Pfeffer würzen und zugedeckt nochmals 5 Minuten ruhen lassen. Dann servieren.

Extratipp

Safran ist nicht nur im Risotto Milanese unverzichtbar, sondern auch in vielen orientalischen und asiatischen Reisgerichten. Er leistet dabei gute Dienste als Farb- und auch Geschmacksgeber. Er kann sehr gut mit anderen Reissorten als dem herkömmlichen Risottoreis kombiniert werden und verträgt sich trotz seiner Einzigartigkeit bestens mit den weiteren, in dieser Speise verwendeten Gewürzen wie Curryblätter, Ingwer, Zwiebel und Knoblauch.

REISDESSERT

AROMANOTE

1 2 3 4 5 6 7 **8** 9 10

mild - harmonisch - wild - extrem

Zutaten

90 g	Wildreis
500 ml	Wasser
500 ml	Mandelmilch
4 EL	Rohrohrzucker
4 EL	Speisestärke
125 ml	Mandelmilch
2	Packungen Vanillezucker
½	Tonkabohne, frisch gerieben
4 EL	Rohrohrzucker
½	Tonkabohne, frisch gerieben

Zubereitung

1. Den Reis mit dem Wasser rasch aufkochen, dann die Hitze reduzieren und den Reis ohne Deckel circa 30 Minuten leise köcheln lassen. Die 500 Milliliter Mandelmilch und den Zucker hinzufügen und alles aufkochen.
2. Inzwischen die Speisestärke mit dem Schneebesen in die restliche Mandelmilch einrühren. Wenn die Flüssigkeit kocht, die Stärke-Mandel-Mischung sowie den Vanillezucker beigeben. Den Reis vom Herd nehmen und schön verrühren, bis die Konsistenz cremig ist. In eine große Schale füllen, auf Zimmertemperatur abkühlen lassen und über Nacht im Kühlschrank kalt stellen. Vor dem Servieren den Zucker mit der frisch geriebenen Tonkabohne verrühren, über dem Reisdessert verteilen und servieren.

Extratipp

In diesem an Milchreis angelehnten Reisdessert dominiert die hocharomatische Tonkabohne in ihrem besten Sinne. Ihr starker Duft nach Vanille, Waldmeister und Zimt eilt ihr schon vor dem Genuss der Speise voraus. Für den aromatisch zurückhaltenden Reis braucht es einen starken Gegenspieler wie die Tonkabohne, die sich mit ihrem süßlich-bitteren Geschmack in den Vordergrund stellt.

LAVENDEL-SPAGHETTI MIT ROMANESCO

AROMANOTE

1 2 3 4 5 **6** 7 8 9 10

mild – harmonisch – wild – extrem

Zutaten

	Salz
500 g	Spaghetti
500 g	Romanesco, vom Stielansatz und äußeren Blättern befreit, gewaschen, abgetropft, Röschen zerpflückt
4 EL	Olivenöl
2	Jungzwiebeln, geputzt, geschält, in feine Ringe geschnitten
1	walnussgroßes Stück frischer Ingwer, geschält, fein gehackt
1 ½ EL	getrocknete Lavendelblüten

Zubereitung

1. In einem großen Topf reichlich Wasser zum Kochen bringen und Salz hinzufügen. Nun zuerst darin den Romanesco einige Minuten bissfest kochen, herausheben und abtropfen lassen. Jetzt darin die Nudeln ebenfalls bissfest kochen, abseihen, dabei 200 Milliliter des Kochwassers auffangen und für später beiseitestellen. Die Nudeln in den Topf zurückgeben und warmhalten.
2. In einer tiefen, beschichteten Pfanne das Olivenöl erhitzen und die Jungzwiebeln sowie den Ingwer darin andünsten. Nun das Nudelwasser hinzufügen, einmal aufkochen und alles einige Minuten vor sich hinköcheln lassen. Zum Schluss mit Salz und Pfeffer abschmecken. Abschließend 1 Esslöffel der Lavendelblüten untermengen.
3. Das Lavendelsugo über den Spaghetti verteilen und alles miteinander vermengen. Den Romanesco vorsichtig unterheben, auf Tellern anrichten und mit den restlichen Lavendelblüten bestreut servieren.

Extratipp

Die mediterrane Herkunft von Romanesco und Lavendel verbindet sich auf dem Teller zur perfekten Harmonie. Mit dem blumigen Duft des Lavendels in der Nase und seinen Rosmarinnoten am Gaumen ist der Geschmackssinn optimal auf den milden Verwandten des Blumenkohls vorbereitet. Da der Romanesco in dieser Zubereitung nur wenige Minuten bissfest gekocht wird, hält sich sein Kohlaroma in Grenzen und lässt sich wunderbar durch den würzigen, zartbitteren Lavendel parfümieren.

ROSENKOHL MIT KNOBLAUCH-BRÖSELN

AROMANOTE

1 2 3 4 5 6 7 8 **9** 10

mild - harmonisch - wild - extrem

Zutaten

	Salz
1 kg	Rosenkohl, Stielansatz entfernt, äußere Blätter entfernt, gewaschen
8 EL	Sonnenblumenöl
4 EL	Paniermehl
4	Knoblauchzehen, geschält, gepresst
	Schwarzer Pfeffer, frisch gemahlen

Zubereitung

1. In einem großen Topf Wasser zum Kochen bringen und Salz hinzufügen. Den Rosenkohl darin 8 Minuten kochen, abseihen, gut abtropfen lassen und warmhalten.
2. Das Öl in einer Pfanne erhitzen, das Paniermehl einrühren und hellbraun anrösten, dann den Knoblauch kurz mitdünsten und abschließend alles mit Salz und Pfeffer würzen. Den Rosenkohl auf Tellern anrichten, mit den Knoblauchbröseln bestreuen und heiß servieren.

Extratipp

Durch die späte Zugabe des Knoblauchs spielt er in dieser Zubereitung sein volles aromatisches Spektrum aus. Das ist gewollt, um gegen den an Bitterstoffen reichen Rosenkohl mit seinem eigenwilligen Geschmack einen Kontrapunkt zu setzen. Der Knoblauch entfaltet dabei seine schwefeligen, dezent brennenden Nuancen, gepaart mit einem vorsichtigen süßen Ton, der hervorragend mit dem herben Gemüse harmoniert.

ROTE BETE-SUPPE MIT ANIS-BROTWÜRFELN

AROMANOTE

1 2 3 4 5 6 7 **8** 9 10

mild - harmonisch - wild - extrem

Zutaten

3	Rote Bete, gewaschen, Kappen abgeschnitten
4 EL	Olivenöl zum Anbraten
1	große Zwiebel, geschält, feinwürfelig geschnitten
1 Liter	Gemüsebrühe
1 TL	Anissamen, ganz
4	Scheiben Toastbrot, entrindet, in Würfel geschnitten
	Salz
	Schwarzer Pfeffer, frisch gemahlen
2 TL	Anis, gemahlen

Zubereitung

1. Die Rote Bete in einem Topf mit kaltem Wasser aufsetzen, aufkochen und rund 30 Minuten kochen. Abgießen, abkühlen lassen und, mit Einweghandschuhen ausgestattet, die Rote Bete schälen und in kleine Würfel schneiden.
2. In einem Topf 2 Esslöffel Öl erhitzen, die Zwiebelwürfel darin glasig dünsten und die Rote Bete hinzufügen. Kurz mitrösten. Nun die Gemüsebrühe angießen und alles etwa 15 Minuten vor sich hinköcheln lassen.
3. Inzwischen die Anissamen in einer kleinen Pfanne ohne Fett einige Minuten anrösten, bis sie zu duften beginnen. Etwas abkühlen lassen und dann im Mörser leicht zerstoßen. In der gleichen Pfanne das restliche Olivenöl erhitzen, die Toastbrotwürfel sowie den gemörserten Anis hinzufügen und die Brotwürfel darin wenden und rösten, bis sie goldbraun sind.
4. Wenn die Rote Bete weichgekocht ist, die Suppe mit dem Stabmixer pürieren und mit Salz, Pfeffer und dem gemahlenen Anis abschmecken. Auf Teller verteilen und mit den Anis-Brotwürfeln dekoriert servieren.

Extratipp

Anis ist ein hervorragendes Gewürz, auch außerhalb der süßen Küche. Gerade in pikanten und deftigen Gerichten kommt seine liebliche, leicht exotische Note gut zur Geltung. Kombiniert mit geschmacksintensivem Gemüse – wie unter anderem Roter Bete – entwickelt das duftende Gewürz eine sehr spannende Note. Hier wird seine Wirkung durch die ergänzende Verwendung der Anissamen und deren Anrösten für die Suppeneinlage nochmals verstärkt.

KURKUMA-KRAUT

AROMANOTE
1 2 3 4 5 6 7 **8** 9 10
mild - harmonisch - wild - extrem

Zutaten

2 EL	Sonnenblumenöl
1	Stange Lauch, geputzt, gewaschen, in feine Ringe geschnitten
40 g	frische Kurkuma, geschält, klein gehackt (alternativ: 2 TL Kurkumapulver)
1	walnussgroßes Stück frischer Ingwer, gewaschen, fein gerieben
750 g	Sauerkraut
1 TL	Kreuzkümmelsamen, ganz
1 TL	Cayennepulver
100 ml	Gemüsebrühe
	Salz
	Schwarzer Pfeffer, frisch gemahlen

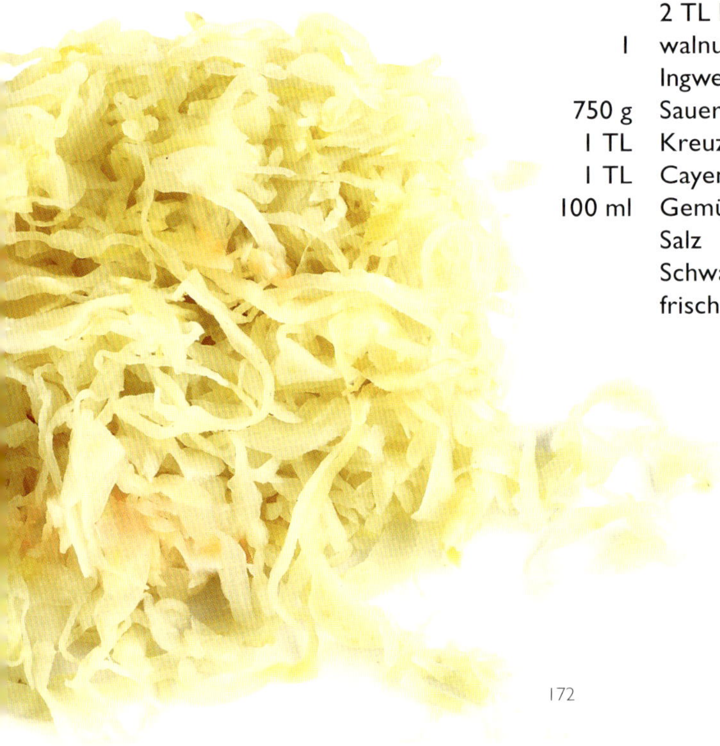

Zubereitung

1. Das Öl in einem Topf erhitzen und darin den Lauch glasig dünsten. Kurkuma und Ingwer dazugeben und unter Rühren kurz anschwitzen.
2. Nun das Sauerkraut, den Kreuzkümmel und das Cayennepulver hinzufügen und die Gemüsebrühe angießen. Gut umrühren und etwa 30 Minuten auf niedriger Flamme köcheln lassen.
3. Kurz vor dem Servieren mit Salz und Pfeffer abschmecken und heiß servieren.

Extratipp

Kurkuma kann in diesem und anderen Rezepten frisch oder gemahlen verwendet werden. In frischer Form wertet sie ein Gericht mit seinem leicht brennenden, zitronigen Geschmack auf; getrocknet, als Pulver, steuert sie einer Speise eher blumig-florale Noten bei. Verwendet man sie als frisches Rhizom, sollte man unbedingt mit Einweghandschuhen arbeiten, da Kurkuma stark färbend ist – ein Grund, warum sie als Lebensmittelzusatzstoff E-100 zur Einfärbung von Nahrungsmitteln wie Margarine, Teigwaren und Ähnlichem eingesetzt wird. Um von den gesunden Inhaltsstoffen von Kurkuma profitieren zu können, sollte man das Gewürz immer in Verbindung mit einer Prise Schwarzem Pfeffer sowie Öl aufnehmen. Ein zusätzliches Erhitzen des Öls intensiviert nicht nur das Aroma der Kurkuma, sondern erleichtert auch die Aufnahme ihrer nicht wasserlöslichen Wirkstoffe.

SÜSS-KARTOFFEL-WEDGES

AROMANOTE

1 2 3 4 5 6 7 8 9 10

mild - harmonisch - wild - extrem

Zutaten

4	Süßkartoffeln, gewaschen und Schale gebürstet
5	grüne Kardamomkapseln
8 EL	Olivenöl
5	Gewürznelken, ganz
1	Zimtstange
	Salz
	Schwarzer Pfeffer, frisch gemahlen

Zubereitung

1. Die Süßkartoffeln mit gereinigter Schale halbieren, vierteln und dann in Wedges (= breite Stifte) schneiden.
2. Die Samenkörner aus den Kardamomkapseln lösen und in einem Mörser zerstoßen. Das Öl in einer Pfanne erhitzen und die zerstoßenen Kardamomsamen, die Gewürznelken und die Zimtstange hineingeben. Einige Minuten darin ziehen lassen und dann die Gewürznelken und die Zimtstange wieder entfernen.
3. Den Backofen auf 180 Grad Ober- und Unterhitze vorheizen. Inzwischen ein Backblech mit Backpapier auslegen und die Süßkartoffelwedges darauf verteilen. Mit dem Kardamomöl bepinseln, mit Salz und Schwarzem Pfeffer würzen und im vorgeheizten Backofen rund 20 Minuten garen. Für ein knuspriges Endergebnis den Backofen am Schluss einige Minuten bei 200 Grad auf Grillfunktion schalten und die Wedges fertig brutzeln.

Extratipp

Das Herauslösen der Samen aus der Kardamomkapsel unmittelbar vor der Verwendung und das frische Mörsern sind die optimale Zubereitung. Auf diese Weise wird die Aromenabgabe an das Öl perfekt unterstützt. Sind keine Kardamomkapseln bei der Hand, kann auch gemahlener Kardamom eingesetzt werden. In diesem Fall brät man ausschließlich die Gewürznelken und die Zimtstange im Öl an und bepinselt mit diesem die Wedges. Im Anschluss werden Kardamompulver, Salz sowie Schwarzer Pfeffer darüber gestreut, bevor man die Süßkartoffelwedges im Ofen gart.

ERFRISCHENDE THAI-NUDELSUPPE

AROMANOTE
1 2 3 4 5 6 7 8 9 10
mild - harmonisch - wild - extrem

Zutaten

1,5 Liter	Gemüsebrühe
100 ml	Kokosmilch
4	Stängel Lemongrass, in Stücke geschnitten, mit dem Mörser angequetscht
1	Stück frischer Ingwer (circa 5 cm lang), geschält, fein gehackt
100 g	asiatische Glasnudeln
2 EL	Erdnussöl
100 g	Tiefkühlblattspinat, angetaut, grob geschnitten
2	Chilis (z. B. Piri-Piri), gewaschen, entstielt, fein gehackt
250 g	Tofu (schnittfest), in große Würfel geschnitten, in Pflanzenöl gebraten
50 g	gesalzene Erdnüsse, grob gehackt
	Salz
	Schwarzer Pfeffer, frisch gemahlen
1	Limette, gewaschen, eine Hälfte ausgepresst, die andere Hälfte in Scheiben geschnitten

Zubereitung

1. Die Gemüsebrühe in einem Topf aufkochen. Kokosmilch, Lemongrass und Ingwer hinzufügen und 30 Minuten leise köcheln lassen.
2. Inzwischen die Nudeln in kochendem Wasser 2 Minuten ziehen lassen, abgießen, kalt abschrecken und mit dem Erdnussöl marinieren.
3. Nun den Spinat, die Chilis und den gebratenen Tofu in die Kokossuppe geben und weitere 10 Minuten köcheln. Dann die Nudeln und die gehackten Erdnüsse hinzufügen und nochmals 5 Minuten garen. Mit Salz und Pfeffer abschmecken, Limettensaft einrühren und mit Limettenscheiben garniert heiß servieren.

Extratipp

Lemongrass verleiht dieser asiatischen Suppe ihre exotische Note. Die erfrischende, zitrusartige Komponente des Gewürzes passt hervorragend zur leicht-süßlichen Kokosmilch sowie dem frischen, scharf-brennenden Ingwer. Die Suppe wirkt dadurch leicht, erfrischend und wird gut verdaulich.

BRUSCHETTA AL POMODORO E BASILICO

AROMANOTE

1 2 3 4 5 6 7 8 9 10

mild – harmonisch – wild – extrem

Zutaten

4	große Fleischtomaten, gewaschen, entstielt, in kleine Würfel geschnitten
1	Handvoll frische Basilikumblätter, gewaschen, trocken getupft, in dünne Streifen geschnitten
1	Prise getrockneter Oregano
	Salz
	Schwarzer Pfeffer, frisch gemahlen
3 EL	Olivenöl
4	Scheiben Weißbrot
1	Knoblauchzehe, geschält, halbiert
4	Basilikumblätter, gewaschen, trocken getupft

Zubereitung

1. Die gewürfelten Tomaten in einer Schüssel mit den Basilikumstreifen, dem Oregano sowie Salz und Pfeffer mischen.
2. Der Tomatenmischung nun das Olivenöl beigeben und alles 30 Minuten rasten lassen.
3. Inzwischen den Backofen auf 200 Grad (Grillstufe) vorheizen.
4. Die Weißbrotscheiben darin 3 Minuten lang rösten (Vorsicht, sie verbrennen schnell!) und danach mit den Knoblauchhälften sorgsam einreiben.
5. Die Tomaten-Öl-Mischung auf den noch heißen Weißbrotscheiben verteilen, mit je einem Basilikumblatt dekorieren und noch warm servieren.

Extratipp

Das Basilikum sollte für dieses Gericht, wie für jegliches andere auch, immer möglichst unmittelbar vor der Verwendung vom Stiel gezupft werden. Ebenso sollte es erst direkt vor dem Einsatz in Streifen geschnitten werden. In der Zubereitung mit Tomate kann die Würzpflanze ihr gesamtes Aromenspektrum optimal entfalten. Das Basilikum wirkt dabei regelrecht erfrischend und lässt selbst an kühlen Tagen auf dem Gaumen das Gefühl von Sommer entstehen.

Kirschtomaten al forno

AROMANOTE

1 2 3 4 5 6 **7** 8 9 10

mild - harmonisch - wild - extrem

Zutaten

500 g	Kirschtomaten, gewaschen, halbiert
	grobes Meersalz
	Schwarzer Pfeffer, frisch gemahlen
4 EL	Olivenöl
2	Zweige Rosmarin, gewaschen, trocken geschüttelt, die Nadeln fein geschnitten

Zubereitung

1. Den Backofen auf 180 Grad Ober- und Unterhitze vorheizen. Die Kirschtomatenhälften in eine feuerfeste Form schichten, mit Salz und Pfeffer würzen, mit dem Olivenöl beträufeln und mit dem Rosmarin bestreuen.
2. Für 10 Minuten im Backofen braten, dann die Temperatur auf 50 Grad Ober- und Unterhitze reduzieren und die Kirschtomaten rund weitere 30 Minuten garen.
3. Als Vorspeise mit getoastetem Brot, als Belag auf Blattsalaten oder als Sugo auf Nudeln servieren. Schmeckt warm und kalt.

Extratipp

In dieser schlichten, aber geschmacksintensiven Zubereitung kommt der Charakter des Rosmarins besonders gut zur Geltung. Er spielt dabei vordergründig seine herben, harzigen Noten aus und verleiht den Kirschtomaten im Handumdrehen eine mediterrane Richtung. Er sollte jedoch nicht überdosiert werden, da sein Geschmack sonst herb-bitter gerät, was der Lieblichkeit der süßlichen Kirschtomaten nicht guttut. Wer den Rosmarin nicht als Einzelkämpfer einsetzen will, kann ihm andere mediterrane Kräuter an die Seite stellen, etwa Thymian oder Oregano oder auch Basilikum, wobei Letzteres unbedingt kurz vor dem Servieren ergänzt werden sollte.

GEFÜLLTE COUSCOUS-TOMATEN

AROMANOTE

1 2 3 4 5 **6** 7 8 9 10

mild – harmonisch – wild – extrem

Zutaten

165 ml	Gemüsebrühe
50 g	Couscous
8	mittelgroße Rundtomaten, gewaschen
4 EL + 150 ml	Olivenöl
1	Zwiebel, geschält, feinwürfelig geschnitten
½	Bund Petersilie, gewaschen, trockengeschüttelt, die Blätter fein gehackt
2 TL	Selleriesamen, im Mörser leicht angedrückt
	Salz
	Schwarzer Pfeffer, frisch gemahlen
3 EL	Paniermehl

Zubereitung

1. Die Gemüsebrühe in einem Topf aufkochen, den Couscous einrieseln lassen und 5 Minuten köcheln lassen. Den Herd abschalten, den Topf mit einem Deckel verschließen und den Couscous weitere 5 Minuten aufquellen lassen.
2. Inzwischen von den Tomaten oben eine Scheibe abschneiden, das Innere aushöhlen und klein schneiden. Den Backofen auf 180 Grad Ober- und Unterhitze vorheizen.
3. In einer Pfanne nun 4 Esslöffel Olivenöl erhitzen und die Zwiebel darin glasig schwitzen. Die Hälfte des ausgehöhlten Tomatenfruchtfleischs, den gekochten Couscous, die Petersilie, die Selleriesamen sowie 50 Milliliter des Olivenöls hinzufügen und alles gut vermengen. Mit Salz und Pfeffer abschmecken.
4. Die Couscous-Tomaten-Mischung in die ausgehöhlten Tomaten füllen, den abgeschnittenen Deckel aufsetzen und auf ein Blech oder in eine feuerfeste Auflaufform stellen. In der gleichen Pfanne das restliche Olivenöl erhitzen, das restliche Tomatenfruchtfleisch einrühren, nochmals mit Salz und Pfeffer abschmecken und die gefüllten Tomaten damit übergießen. Mit dem Paniermehl bestreuen und im vorgeheizten Backofen etwa 1 ½ Stunden backen.

Extratipp

Die Selleriesamen verleihen dieser Speise einen ganz besonderen Kick – der typisch mediterrane, tomatig-fruchtige Stil wird durch die angenehme Bitternote der Saatkörner intensiviert und hinterlässt einen ausgesprochen nachhaltigen Eindruck auf dem Gaumen. Dazu sollte unbedingt darauf geachtet werden, die Selleriesamen unmittelbar vor dem Einsatz anzumörsern. Das Gericht verträgt auch, unmittelbar vor dem Servieren mit einer zusätzlichen Prise angestoßener Selleriesamen bestreut zu werden. Wichtig ist, dass es bei der Prise bleibt, da sich die Wirkung der krautig-würzigen Körner sonst in ihr Gegenteil verkehrt und das Essen bitter macht.

GEFÜLLTE WEINBLÄTTER

AROMANOTE

1 2 3 4 **5** 6 7 8 9 10

mild - harmonisch - wild - extrem

Zutaten

250 ml	Olivenöl
200 g	Zwiebeln, geschält, fein gehackt
100 g	Langkornreis
600 ml	Wasser
200 g	Weinblätter in Lake, mit kaltem Wasser abgespült, abgetropft
1	Handvoll frischer Minzblätter, gewaschen, trocken geschüttelt, Blätter gezupft, fein gehackt
	Salz
	Schwarzer Pfeffer, frisch gemahlen
	Saft einer Zitrone
1	großer Bund frischen Dill, gewaschen, trocken geschüttelt, Blätter gezupft, fein gehackt
	einige Zitronenscheiben als Garnitur

Zubereitung

1. Die Hälfte des Olivenöls in der Pfanne erhitzen, darin die Zwiebeln glasig dünsten. Nun den Reis einrühren, 200 Milliliter warmes Wasser angießen und die gehackte Minze unterheben. Alles 5 Minuten köcheln lassen, dann mit Salz und Pfeffer kräftig abschmecken und anschließend etwas abkühlen lassen.
2. Die Weinblätter auf einer Arbeitsfläche auslegen und jeweils einen Kaffeelöffel der Reismischung an den Blattrand setzen. Zuerst die Blattseite über die Reismasse klappen, dann das Blatt von rechts sowie links einschlagen und danach von vorne das Blatt zu einer straffen Rolle aufwickeln.
3. Die gefüllten Weinblätter kreisförmig und dicht nebeneinander mit der Naht nach unten in einen Kochtopf legen, sodass sie sich nicht leicht öffnen können. Nun das restliche Öl, Wasser und den Zitronensaft angießen, die Weinblätter mit einem Teller bedecken und das Ganze bei geringer Hitze rund 30 Minuten kochen, bis ein Großteil der Flüssigkeit aufgesaugt und der Reis gar ist. In den letzten 5 Minuten der Garzeit den gehackten Dill direkt auf den gefüllten Weinblättern verteilen, nochmals mit dem Teller beschweren und in dem Garsud fertig ziehen lassen. Nach dem Abkühlen mit den Zitronenscheiben garniert servieren.

Extratipp

Der Pfiff bei dieser Zubereitung ist die direkte Würzung der Füllung mit erfrischender Minze und das abschließende Garen der gefüllten Weinblätter von außen mit dem süßlich-würzigen Dill. Ein langes Mitkochen Letzterer ist unbedingt zu vermeiden, da sie ansonsten sehr rasch ihre Würzkraft verliert. Durch das behutsame Mitgaren am Schluss des Kochprozesses übernimmt der Dill vielmehr die Aufgabe, in einer Art Würzmarinade ihre Wirkung zu entfalten und damit ihr Aroma optimal über die Weinblätter an die Speise abzugeben.

CROSTINI MIT BOHNENCREME

AROMANOTE

1 2 3 4 5 6 7 8 9 10

mild - harmonisch - wild - extrem

Zutaten

250 g	weiße Bohnen aus der Dose, abgegossen, abgewaschen, abgetropft
5	Stängel Majoran (alternativ: 1 ½ EL getrockneter Majoran)
4 EL	Olivenöl
1 EL	Zitronensaft
	Salz
	Schwarzer Pfeffer, frisch gemahlen
1	Prise Cayennepulver
12	Scheiben Weißbrot

Zubereitung

1. Den Backofen auf 220 Grad Grillfunktion vorheizen. In einem hohen Gefäß die weißen Bohnen mit dem Majoran und Olivenöl pürieren. Mit Zitronensaft und den Gewürzen abschmecken.
2. Das Weißbrot toasten, mit Bohnencreme bestreichen und gleich servieren.

Extratipp

Weiße Bohnen, geschmacklich eher zurückhaltend aufgestellt, erhalten in dieser Zubereitung durch Majoran eine spannende Aufwertung. Das Küchenkraut verströmt in der Creme nicht nur sein unverkennbares, würziges Aroma, sondern macht diese auch bekömmlicher. Olivenöl und Zitronensaft runden die Kombination ab und unterstreichen einen mediterranen Anklang in der Speise.

KRAUT-FLECKERL

AROMANOTE

1 2 3 4 5 **6** 7 8 9 10

mild – harmonisch – wild – extrem

Zutaten

3 EL	Pflanzenöl
1	Zwiebel, geschält, kleinwürfelig geschnitten
1	kleiner Weißkohlkopf, halbiert, Strunk entfernt, klein geschnitten, gewaschen, abgetropft
250 ml	Gemüsebrühe
	Salz
	Schwarzer Pfeffer, frisch gemahlen
1 EL	Paprikapulver, edelsüß
1 TL	Kümmel, ganz
½ TL	Cayennepulver
500 g	Fleckerlnudeln (alternativ: andere quadratische Nudeln, kurze Bandnudeln), bissfest gekocht

Zubereitung

1. In einem Topf das Öl erhitzen und die Zwiebel darin glasig dünsten. Den geschnittenen Weißkohl hinzufügen, mit Gemüsebrühe aufgießen, umrühren und einmal aufkochen lassen. Alle Gewürze untermischen und auf kleiner Flamme rund 20 Minuten köcheln, bis der Kohl weichgekocht ist.
2. Zum Schluss die Nudeln unter den Weißkohl heben, alles nochmals mit den Gewürzen abschmecken und servieren.

Extratipp

In dieser pikanten Kombination entfaltet sich das süßlich-fruchtige Aroma des edelsüßen Paprikapulvers ganz deutlich. Der Kohl erhält dadurch eine fast liebliche, frische Note, die Bekömmlichkeit erscheint verbessert, zumal das Gericht leichter wirkt. Parallel dazu übernimmt das Gewürz eine optische Funktion, verleiht es der Speise doch eine kräftig-rötliche Farbe.

SÜSS-SAURER KOHLSALAT

AROMANOTE

1 2 3 4 5 6 7 8 **9** 10

mild - harmonisch - wild - extrem

Zutaten

	Salz
500 g	Wirsingkohl, halbiert, Strunk entfernt, zerpflückt, gewaschen
3 EL	Pinienkerne
	Schwarzer Pfeffer, frisch gemahlen
2 EL	Balsamicoessig
2 EL	Sonnenblumenöl
2 EL	Sojasoße
1 TL	Zimt
3 EL	Rosinen

Zubereitung

1. In einem Topf Wasser aufsetzen, aufkochen und salzen. Den Kohl im kochenden Wasser mehrere Minuten bissfest kochen, abseihen und mit kaltem Wasser abschrecken. Gut abtropfen und abkühlen lassen.
2. Währenddessen in einer Schüssel Salz, Pfeffer, Essig, Öl, Sojasoße und Zimt miteinander verrühren. Die Marinade über dem Kohl verteilen, alles durchmischen, abdecken und 30 Minuten ruhen lassen.
3. In dieser Zeit die Pinienkerne in einer Pfanne ohne Fett goldbraun rösten, bis sie duften. Vorsicht: Die Kerne sollten nicht verbrennen!
4. Ist der Kohlsalat durchgezogen, die Rosinen unterheben und – mit den gerösteten Pinienkernen bestreut – servieren.

Extratipp

Dank der Dualität von Zimt, süße wie pikante Gerichte gleichermaßen veredeln zu können, erfährt sogar ein gehaltvolles Gemüse wie Wirsing ungeahnte aromatische Akzente. Dem Kohl, der in allen Jahreszeiten in unterschiedlichen Geschmacksintensitäten verfügbar ist – von milddezent im Frühjahr bis kräftigherb in der kalten Jahreszeit – verleiht Zimt eine spannende Note, die in dieser Zubereitung durch die Rosinen in eine süßliche Ecke ausgedehnt wird, während Balsamicoessig und Sojasoße ergänzend für die Ausprägung der sauren Komponente in der Speise sorgen. Der Wirsing lebt in diesem aromatischen Spannungsfeld völlig neu auf.

GEBRATENE ZUCCHINI

AROMANOTE

1 2 3 4 5 **6** 7 8 9 10

mild - harmonisch - wild - extrem

Zutaten

1 kg	große Zucchini, gewaschen
	Mehl
	Salz
	Schwarzer Pfeffer, frisch gemahlen
	Olivenöl zum Braten
1	Knoblauchzehe, geschält, halbiert
1	Bund frische Zitronenmelisse, gewaschen, trocken geschüttelt, die Blätter gezupft

Zubereitung

1. Die Ränder der Zucchini wegschneiden. Den Rest in circa 5 Millimeter dicke Scheiben schneiden. Das Mehl mit Salz und Pfeffer vermischen, die Zucchinischeiben darin wenden.
2. Das Öl in einer Pfanne erwärmen, die halbierte Knoblauchzehe hinzufügen und einige Minuten darin ziehen lassen, damit sie ihr Aroma sanft abgibt. Den Knoblauch wieder entfernen und die Zucchinischeiben in dem heißen Olivenöl braten.
3. Zwischendurch die Blätter der Zitronenmelisse in Streifen schneiden und beiseitestellen. Sobald die Zucchinischeiben braun werden, aus dem Öl herausheben, leicht abtropfen lassen und auf einer Servierplatte anrichten. Mit etwas von dem Bratöl beträufeln und mit den Melissenstreifen bestreuen. Mit Folie abgedeckt 15 Minuten durchziehen lassen und danach servieren.

Extratipp

Die optimale Geschmacksentfaltung der Zitronenmelisse erreicht man tatsächlich durch die möglichst späte Zerkleinerung der frischen Blätter sowie deren bewusste Zugabe am Schluss des Kochprozesses. Die frische Melisse dankt es einem, in warmen Zubereitungen wie dieser stets erst im Finale ihre Wirkung entfalten zu dürfen. Außerdem ist dem frischen Kraut vor der getrockneten Form eindeutig der Vorzug zu geben, um dem milden Charakter der Zucchini die volle, kräftig-zitronige Note der Melisse an die Seite zu stellen zu können.

WÜRZIGE OFENZWIEBELN

AROMANOTE

1 2 3 4 5 **6** 7 8 9 10

mild - harmonisch - wild - extrem

Zutaten

	Salz
500 g	gelbe Zwiebeln, geschält
½	Bund Petersilie, gewaschen, trocken geschüttelt, Blätter gezupft, fein gehackt
3 EL	Olivenöl
	Salz
	Schwarzer Pfeffer, frisch gemahlen
5	Stängel Salbei, gewaschen, trocken geschüttelt, Blätter gezupft, in Streifen geschnitten

Zubereitung

1. In einem Topf Wasser aufsetzen, aufkochen und salzen. Die geschälten Zwiebeln darin etwa 10 Minuten kochen, abseihen, mit kaltem Wasser abschrecken und gut abtropfen lassen.
2. Den Backofen auf 180 Grad Umluft vorheizen. Eine feuerfeste Auflaufform mit 1 Esslöffel Olivenöl auspinseln, die abgekühlten Zwiebeln in fingerdicke Scheiben schneiden und in die Form einlegen. Mit Petersilie bestreuen, mit Salz und Pfeffer würzen und mit dem restlichen Olivenöl beträufeln.
3. Die Zwiebeln im vorgeheizten Backofen auf der mittleren Schiene rund 45 Minuten backen. Den frischen Salbei erst kurz vor Schluss darüberstreuen und maximal 5 Minuten mitziehen lassen.

Extratipp

Dieses Gericht ist eine mutige Kombination des kräftigen Salbeis mit der durch die warme Zubereitung fast süßlich geratenen Zwiebel. Will man die geschmackliche Intensität des Salbeis abmildern, empfiehlt es sich, entweder die angegebene Dosis zu verringern oder das geschnittene Kraut bereits gleichzeitig mit der Petersilie, das heißt vor dem Garprozess im Backofen, beizugeben. Je länger die Erwärmung des Salbeis anhält, desto deutlicher mildert sich sein kräftiges Aroma ab.

Glossar Deutsch/Österreichisch

anschwitzen	- andünsten
Aubergine	- Melanzani
Backofen	- Backrohr
Blumenkohl	- Karfiol
Brühe	- klare Suppe
Brötchen	- Semmel
Dill	- Dille
frisch gerieben	- frisch gerissen (bei Meerrettich/Kren)
Gemüsebrühe	- Gemüsesuppe
Grüne Bohnen	- Fisolen
Kartoffel	- Erdapfel
Kirschtomate	- Cocktailtomate, Cherrytomate
Kohl	- Kraut
Krümel	- Brösel
Frikadelle	- Laibchen
Meerrettich	- Kren
Möhre	- Karotte
Paniermehl	- Semmelbrösel
Reibekuchen	- (Kartoffel-)Puffer
Rosenkohl	- Kohlsprossen
Rote Bete	- Rote Rübe
schmoren	- dünsten
Tomate	- Paradeiser
Weißkohl	- Weißkraut

Quellenverzeichnis

- Breuss, Susanne: Fleischlos in eine bessere Welt, Wien 2007
- Dahlke, Ruediger: Das große Buch vom Fasten, Arkana 2008
- Dahlke, Ruediger: Vegan schlank: Einfach entlasten und fasten, Gräfe und Unzer 2015
- Deutsches Bundesministerium für Ernährung und Landwirtschaft: Ernährungsreport 2016
- Deutsches Bundesministerium für Ernährung und Landwirtschaft: Ernährungsreport 2017
- FOCUS Magazin, Ausgabe 14/2013
- Gmeiner, Hans: Wir Hampelmänner wir, Raiffeisenzeitung 15. Februar 2018
- Kröpfl, Siegfried/Kröpfl, Melanie: Wir backen vegan, Krenn 2014
- Kröpfl, Siegfried/Kröpfl, Melanie: Wir kochen vegan, Krenn 2014
- meinungsraum.at: Radio Wien/Ernährung: Wahn oder Sinn? April/Mai 2017
- Schwenck, Konrad: Woerterbuch der deutschen Sprache in Beziehung auf Abstammung und Begriffsbildung, Frankfurt 1838
- Taschée, Simone/Postmann, Klaus: Das große Gewürzbuch, Braumüller 2017
- www.bioimkerhonig.de (Ist Honig vegan?)
- www.heise.de/tp (Telepolis)
- www.ich-lebe-vegan.de (Vegan Basics)
- www.peta.de/lifestyle (PETA Deutschland)
- www.veganesk.de/wissen (vegane Geliermittel)
- www.vegansociety.com (Vegan Society)
- www.vegsoc.org (Vegetarian Society)

Impressum

Bibliografische Information der Deutschen Nationalbibliothek
Die Deutsche Nationalbibliothek verzeichnet diese Publikation in der Deutschen Nationalbibliografie; detaillierte bibliografische Daten sind im Internet über http://dnb.d-nb.de abrufbar.

1. Auflage 2018

Servitengasse 5, A-1090 Wien
www.braumueller.at

Fotos: © Michael Rathmayer
Andere Bezugsquellen: S. 6: shutterstock/© fotoknips; S. 27: shutterstock/© mayakova; S. 28: shutterstock/© Valentyn Volkov; S. 28: shutterstock/© AndrijaP; S. 92: shutterstock/© Pascal Lagesse; S. 97: shutterstock/© Fascinadora; S. 101: shutterstock/© Markus Mainka; S. 102: shutterstock/© Lotus Images; S. 104: shutterstock/© Danilaleo; S. 106: shutterstock/© George Dolgikh; S. 108: shutterstock/© bergamont; S. 110: shutterstock/© StudioPhotoDFlorez; S. 113: shutterstock/© D_M; S. 114: shutterstock/© Hal_P; S. 116: shutterstock/© Oko Laa; S. 118: shutterstock/© Nattika; S. 120: shutterstock/© MRS.Siwaporn; S. 122: shutterstock/© schankz; S. 124: shutterstock/© D_M; S. 126: shutterstock/© Wealthylady; S. 128: shutterstock/© Tim UR; S. 130: shutterstock/© Hodyachaya Alla; S. 132/133: shutterstock/© Von Dan Kosmayer, shutterstock/© Von D_M; S. 134: shutterstock/© schankz; S. 136: shutterstock/© gresei; S. 138: shutterstock/© schankz; S. 142: shutterstock/© StudioPhotoDFlorez; S. 144: shutterstock/© StudioPhotoDFlorez; S. 146: shutterstock/© Kateryna Bibro; S. 148: shutterstock/© JIANG HONGYAN; S. 150: shutterstock/© NARUDON ATSAWALARPSAKUN; S. 152: shutterstock/© AN NGUYEN; S. 154: shutterstock/© Diana Taliun; S. 156: shutterstock/© picturepartners; S. 158: shutterstock/© Jiri Hera; S. 160: shutterstock/© Nataly Studio; S. 162: shutterstock/© Svetlana Lukienko; S. 164: shutterstock/© Diana Taliun; S. 166: shutterstock/© Kyselova Inna; S. 168: shutterstock/© DUSAN ZIDAR; S. 170: shutterstock/© Valentina Razumova; S. 172: shutterstock/© Elzbieta Sekowska; S. 174: shutterstock/© Diana Taliun; S. 178: shutterstock/© Tanya_mtv; S. 180: shutterstock/© Focus and Blur; S. 182: shutterstock/© Bozena Fulawka; S. 184: shutterstock/© Olga Popova; S. 186: shutterstock/© Julie Clopper; S. 188: shutterstock/© vitals; S. 190: shutterstock/© azure1; S. 191: shutterstock/© domnitsky; S. 192: shutterstock/© Viktor1; S. 194: shutterstock/© Jiri Hera; S. 198: © Herbert Lehmann

Lektorat: Nora Paul
Druck: EuroPB, Dělostřelecká 344, CZ 261 01 Příbram
ISBN 978-3-99100-247-5

Für unsere Kinder und unsere Familien – die uns auf unseren aromatischen Gaumenreisen stets treu begleiten.

Simone Taschée, geboren 1974 in Wien, studierte Handelswissenschaften und promovierte 2003. Nach spannenden Jahren in der österreichischen Lebensmittelbranche gründete die diplomierte Käse-Sommelière und Diplom-Kaffee-Sommelière ihre eigene Marketing- und PR-Agentur mit Fokus auf Food & Beverages. Daneben profilierte sie sich als Chefredakteurin sowie freie Redakteurin diverser österreichischer Fachmagazine im Kulinarikbereich und lernte auf zahlreichen Reisen durch Asien sowie Mittel- und Südamerika die verführerische Geschmackswelt von Gewürzen, Gewürzmischungen und Kräutern kennen. Heute ist sie Inhaberin der Chili-Werkstatt in Wien, verfasst regelmäßig Fachartikel zu vielfältigen kulinarischen Themen und gibt ihr weitreichendes kulinarisches Wissen in Kochkursen, Workshops sowie Fachvorträgen an Interessierte weiter. Zuletzt brachte sie gemeinsam mit Klaus Postmann „Das Große Gewürzbuch“ im Braumüller Verlag auf den Markt.

Klaus Postmann, geboren 1974 in Wien, studierte Volkswirtschaften und promovierte 2003 in Wirtschafts- und Sozialgeschichte. Nach einer erfahrungsreichen Zeit im internationalen Lebensmittelhandel gründete der diplomierte Weinakademiker und Diplom-Kaffee-Sommelier gemeinsam mit Simone Taschée eine Marketing- und PR-Agentur mit Fokus auf Food & Beverages. Heute ist er als Chefredakteur eines bekannten österreichischen Fachmagazins im Wein- und Kulinarikbereich tätig. Postmann hat bereits mehrere Fachbücher veröffentlicht, 2012 wurde er dazu mit dem Gourmand Award „best wine book of the year“ der Paris Cookbook Fair ausgezeichnet. Als geprüfter Heilkräutercoach widmet er sich gerne den gesundheitlichen Aspekten von Gewürzen und Kräutern und gibt sein umfassendes kulinarisches Wissen in Seminaren sowie Fachverkostungen an Interessierte weiter. Zuletzt brachte er gemeinsam mit Simone Taschée „Das Große Gewürzbuch“ im Braumüller Verlag auf den Markt.

Weitere Infos unter: www.würzwerkstatt.at

Für mehr Spaß am Würzen

Das umfangreiche Nachschlagewerk gibt einen Überblick über mehr als 100 verschiedene Gewürze, die Gewürzregionen zugeordnet und nach Aromanoten bewertet sind. Man erfährt Wissenswertes aus der jahrhundertealten Geschichte der Gewürze und zu deren Heilwirkung.

Ein eigenes Kapitel über Würzanwendungen verrät alles über den richtigen Einsatz der Gewürze in der Küche. Rezepte regen zum Nachkochen an und verleiten zum Selbsttest, um neue aromatische Höhenflüge zu erleben. Heutzutage wird mehr denn je geschnitten, gemörsert, gemahlen und geröstet – Würzen ermöglicht es, den globalisierten Einheitsgeschmack aus der eigenen Küche zu verbannen. Nach Jahren geschmacksverwirrender Molekular-Kulinarik und künstlicher Aromen in Industrie und Junkfood erleben natürliche Gewürze in Westeuropa eine Renaissance. Trendgewürze wie Chili, Ingwer, Pfeffer oder Bärlauch halten Einzug in die Kochtöpfe. Zusätzlich sind vegane Ernährungsgewohnheiten für jede geschmackliche Aufwertung dankbar.

9 783991 002291

Dr. Simone Taschée und
Dr. Klaus Postmann

Das große Gewürzbuch

mit zahlreichen Farbfotografien
von Michael Rathmayer

€ 25 | ISBN 978-3-99100-229-1